成為甘霖

Globe Union

張正駿、謝瑤玲｜著

「磐石會」創業家的故事

目錄

目錄

推薦序1

在二〇〇一年到二〇一四年間，我服務於台中市政府，成霖企業當時是財經界眾所矚目的一顆鑽石，而歐陽明董事長又身為磐石會會長，是大家關注的知名人士，我因與磐石會的互動而認識到他，也得知在磐石會的會員都是中部地區成功的企業家，大都出身一般家庭，憑藉一己之力，開創一片天空，是值得學習的模範，而歐陽明董事長令我印象深刻的是，他總是主動協助政府濟助貧困，捐輸公益，而且說到做到，給人許多溫暖，從不要求回報，真是一條鐵漢子。

本書作者張正駿先生與謝瑤玲女士想從台灣中部創業家的從無到有、從困頓中排除萬難、從競爭中砥礪創新的這些磐石會成員的共通特質，來聚焦歐陽明先生的為人處事、遠見睿智，與卓絕的毅力，遂成此書，要我為文序之。拜讀之後，我倒是認為，這是一個偉大的愛情故事。

這故事中的主角，深具「用愛來俯觀世界，用愛來謀求真理」的特質。歐陽明就顯示了這個個性：他愛家、愛孩子、愛同事、愛公司、愛事業，愛他相關的人事物（也很愛我）。有一首歌曲唱到：「愛是恆久忍耐、又有恩慈，愛是不忌妒；愛是不自誇、不張狂，不做害羞的事，不求自己的益處。」以這樣觀點來檢視，當他愛上了某種事務，就不斷努力去追求，這樣盡力發諸於愛去求得的果實，讓生命不會留白。所以「家庭和事業中遇到的同仁夥伴，乃至競爭對手，都互相成為生命中的貴人。」

我其實與歐陽明兄所見略同，曾在很多場合講到「成功、快樂」，說到「成功就是有你所愛，快樂就是愛你所有」，都是強調愛才是世界進化最大的動能。歐陽明一直秉持的，鑾符合這個大愛的邏輯，所以我形容這個進行中的故事，是個偉大的愛情故事。

這一本著作，還寓意著兩個重點，一是像歐陽明這樣的創業家，他所奮鬥的歷程，所走出的足跡，明顯映照出台灣當今經濟實力所以能屹立強大，是因之前三、四十年來台灣第一手創業家冒險犯難、艱苦卓絕所打好的根基，得讓今日台灣享有延續發展的坦途。這一點是讓大眾能認識促成台灣經濟發展的這些尖兵，更不能忘本，尤其是當今年青的世代正逐漸淡化、忘卻這一段史實之時，讓他們及後代樹立一個楷模。作者的這一份用心，我相當認同。

另外一點，講到歐陽明先生的對人對事：對人親切和善，口不出惡言，總是設身處地的為他人著想；對事探究清楚，條理分明，力求把事物用在對社會人群最有效益的地方。這樣的做人做事，抒發出來的人文氣質，讓人能深深體會到一股暖流，這就是「台灣最美的風景」，所以用這本書來召喚更多的歐陽們起而效尤，這個形容得很恰當，也很有見地。

記得在我即將離開台中市政府工作崗位的時期，歐陽明先生主動向台中市政府提出他籌設公益慈善基金，在台中幫助偏鄉，尤其是深山部落裡缺乏教育及醫療資源，盼能長期提供協助；另外，針對全國性的對於能勇於扭轉不公不義的人士，給予公益善行的表揚獎勵。我離開市政府了，有老同事來跟我說「歐陽明還是退而不休，做公益」，偉哉啊，歐陽明兄！依然盡力在追求美好的事物。

作者正駿先生，我也相識多年並且非常尊敬他的父母！他捨棄大學教職，擔任磐石會的秘書長一職，很盡職輔佐歷任會長，各種活動都辦得很好，使磐石會聲譽卓著，他也是一位有愛的人，當然能寫出好的篇章。正駿先生請我為這本書寫序，我看完這本著作，深受感動，所以竭力疾書，勉力完成，盼不負所託。

胡志強

二〇二一年八月一日

台灣當代許多企業家是在中部發跡，可是回想經過日據時代，台灣光復後之時，中部還是普遍貧困、生活艱苦的農村社會，我和磐石會這些知名的企業主們都走過這樣的生活，然而，不向困難低頭，不信我做不到，意志堅強，勇往直前，才有了這些腳踏實地的創業企業家。

一九九七年，我有感於中部企業家還處在資訊狹窄，人際關係還不夠活絡，知名度還不廣闊，財務運作還走不進國際的現實弱勢中，我們需要有一群跨領域、跨行業，但志同道合的朋友，勇敢的去追求人生的熱度和品質，所以我和彰化知名的蕭溪明會計師，開始邀一些好友來共組企業家聯誼平台。我邀請了順德工業陳朝雄董事長、達芙妮的創辦人陳賢民，還有環隆科技董事長歐正明等幾人，開始了大家交誼的聚會，歐正明也邀了他的好友歐陽明一同加入。大伙都擁有不同的行業，特別新鮮感，而且充滿了探索和互相學習的樂趣，磐石會於焉形成。

當年大家四、五十歲，於今都六、七十歲，不只增加了年紀，特別的是，幾乎每位夥伴的事業領域都成長了幾十倍、甚至百倍，而更值得一書的，磐石創業家不是在誇耀家產多少、比股權增值幅度、或是股價；而是成就在為人氣度、眼光見識，及待人處事。讀完歐陽明的人生故事與成霖企業的發展，豁然開通，感覺如置身在夏夜，倘佯在海邊溫暖沙灘上，仰望天空繁星點點，讓人心頭洋溢幸福與溫馨。

歐陽明當年四十多歲，談到他自己的事業，意氣飛揚，至今雖已鬢毛斑白，但還是無畏無懼走他自己的人生道路。我常常在想，這些會兄們說也說不完的故事，若能逐一寫下，傳於後世，不只彰顯出台灣經濟發展歷程中極為重要的一塊，也是值得台灣新新世代及世界關注亞洲經濟演化人士不可或缺及最深化的史實，所幸與磐石會一路走來二十多年的張正駿博士，一來大家公認他有良好的文采，二來常與會友們互動，知之甚詳，在這大家漸漸要交棒的時刻，將細膩的故事，逐一串起，彙集成書，非常值得期待，尤其本書寫歐陽明兄以一家小小貿易商，快速跨入國際大競技場，還高奏凱歌，令人又羨又敬，他的故事，真是瑰麗的如一首詩篇。

磐石會創始人 謝平之（簽名）

二〇二一年八月八日

回想二十幾年前，筆者也還是個青壯年，有幸參與幾位創業有成的老闆們的聯誼會。二十幾年來，這個磐石會沒有像其他聯誼會流於形式的餐會，卻是越來越受到矚目，成為中部產業界的代言人聚會。磐石會也是政府不可忽略的中部產經建言中心。

磐石會員多為白手起家，從無到有，從有到富有，不僅創造了個人財富，而且培育人才為台灣經濟奇蹟注入新動力，現今整個中彰投地區已成為台灣乃至於全球產業關鍵零組件的供應中心。

隨著時間的發展，早期加入磐石會會員，從滿腹熱情與抱負、衝勁十足的中年創業家，他們的企業面臨過石油危機、全球資訊產業泡沫化、美國911恐怖攻擊事件、SARS疫情、金融海嘯、台幣升值及現在的新冠疫情，經過這些外在事件的考驗，雖然他們歲數越來越大、體力也在衰退，但他們的企業卻是越來越壯大。

認識歐陽明先生是在參加磐石會的活動。他一直給人的印象是，文質彬彬的氣質、卻又是位實事求是的企業家。歐陽明先生其實就是中部創業家中的一個成功典範，本身具有堅忍不拔的毅力，及千萬人吾往矣的勇氣，雖然也遇見橫逆與困頓，但終究成就一方事業，這看似簡單的人生：有人成就小事業，有人成就大事業；但細數一個事業的成敗，總可以看出一些出類拔眾、卓爾不凡之處。

從深入採訪歐陽明先生和他的重要幹部中，學習到所謂的「一條線鐵律」。「一條線鐵律」並不是歐陽明先生創立的理論，但筆者認為這個的確是一個絕妙的創見，唯有心思清澈者能夠將它闡述出來，所以筆者為它定了個名稱。一個事業，如果只有定下一個起點，一個終點，它的成就就在於期間的膨脹率；但它的缺點是：它有終點。如果能在一個事業的時程中，反覆檢視起和終的兩端，也包括中程，看看掌握住甚麼？有什麼沒掌握住？當然還要在兩端之外做延伸，凡是知道自己掌握得不足，下決心去完成它，那事業的掌握幅度就越強，也就越能做好一件事了。這樣的事業，既有長度，還有寬度跟厚度！

在編著過程中，與歐陽明先生有幾次深刻的談話，有次他忍不住吟起漢朝劉邦《大風歌》的古詩：「大風起兮雲飛揚，威加海內兮歸故鄉，安得猛士兮守四方。」說這首詩是「對我吟詩」，好一個生存在當代而仍懷抱「我是被挑選的人」的豪情壯志。對於被寫入這一部書的主角，他則很謙虛地說：「書本描述的我，是寫我的一個職務，不是寫一個驕傲。」令筆著感慨又佩服！

光一個人是做不了大事業的，身邊總是得有一群對的人，他的父母、妻子、妹妹、兒子及好幾位工作夥伴，甚至昔日競爭對手，都互相成為生命中的貴人。歐陽明先生的公而忘私，總是把員工福利擺在第一位置，員工們也都相知相挺，若套用現今時尚用語：「台灣最美的風景」，指的就是這份人文底蘊，經年積累所發揮出來的影響力。

筆者從一九九八年憑藉幾年工作的厚膽，開始義務協助磐石會作活動策劃，一幌已跟磐石會結緣相識二十多年，磐石會是一個溫床，也是一個平台，匯聚了許多像歐陽明這樣的創業家，引磐石會的立會精神「對事業的執著，對生命的熱愛，對目標全力以赴」，可說是完整地闡述了讓人敬佩的這些企業家們對台灣這片土地所做的貢獻，因而有一股召喚，催促筆者編撰這些篇章，期間巧逢謝瑤玲小姐，她是逢甲大學商學管理博士、又有三十餘年產業服務經驗，對企業各種營運與管理有敏銳見地，故特邀請她與我共同撰寫。感謝磐石會創始人謝平上先生為本書寫序，從他的角度為本書做了一些補述。尤其特別感謝胡志強先生，在筆者提出央請之時，立馬允諾為歐陽明這位好朋友的故事書寫序文，道出大愛的本質，增添本書的光彩。

歐陽明的故事，是一個開啟，期盼故事的公開，喚起更多的歐陽們，期待有美善的因果，大家得能共享祥和樂土！

磐石會秘書長　張正駿

作者張正駿博士與歐陽明董事長訪談時之合影。(拍攝於2021.04.23，成霖辦公室)

壹.

歐陽明的成長

「不要相信你的眼睛告訴你的。看到的顯示，只是限制。憑自己的理解去看，找出已經知道的知識，然後就會知道如何飛翔。」

〝Don't believe what your eyes are telling you. All they show is limitation. Look with your understanding, find out what you already know, and you'll see the way to fly.〞

—出自《天地一沙鷗》

“Jonathan Livingston Seagull: The Complete Edition” Richard Bach（2014）

勇者的印記——一個人可以被毀滅，但不能給打敗

一位出版過小說的創業家，擔任磐石會第五屆會長，又是獲得一九九七年第一屆經營卓越企業家小巨人獎，且可以獲得「安永創業家大獎」之「年度大獎」的歐陽明，是有何獨特能力或毅力讓他創立的成霖在歷經四十餘年間，成為全球廚衛產業中的領導地位？

歐陽明，一九五一年出生於台灣基隆，一九七〇年淡水工商觀光事業系畢業，服役擔任排長、結婚，二十八歲創業成霖企業，一九八一年定心做水龍頭，大陸設工廠，買美國品牌……。

這像是一個平凡的人生路徑，也雷同台灣當代經貿發展的軌跡，這是四〇、五〇年代台灣囝仔的成長公式？這個大家不感覺陌生的公式，而卻能夠始終

如一、儼然有序，精確演繹乃至創造世界版圖，成就一大事業的卻沒有幾個人？

或許是歐陽明的成長背景較不同於其他人嗎？有特殊雄厚財團支持嗎？是歐陽明的堅強毅力較強過其他人嗎？還是，這是潛藏在他身上的特殊基因嗎？這就得從他的童年聊起了。

原生家庭困苦，父親力爭上游

歐陽明的父親生長在台灣被日本統治的日據時代，台灣人備受欺壓。他的父親很會讀書，唸的是當時響叮噹的名校「台北州立台北工業學校」，當時台灣人能唸到「台北州立台北工業學校」不僅是厲害，而且是極少數。

「台北州立台北工業學校」就是現在已改制為的「台北科技大學」，也是民國四、五、六年級生當時五專的第一志願「台北工專」呢！那時代第一名的只能授予日本人，而父親是全校第二名畢業的，畢業後就幫日本人在大溪做隧道、蓋橋的工程，於是就在大溪成家。

他父親早在「台北州立台北工業學校」求學時期，就領略過日本人的心胸氣度。當時日本人對著他在校內的良好表現，私下就很有意見，但畢竟他們尊重體制，不能隨性欺負你，但又不服氣你，所以強迫要你參加社團，要你參加柔道社，然後把你打到吐；要你參加劍道社，然後用劍敲你，戳你……。

他的父親對日本人是不滿的，覺得台灣人是被日本人歧視的。從學校畢業後，他父親被日本人安排在大溪山區作道路、橋樑、隧道等工程，所以定居在大溪。後來一九四五年國民政府接收台灣，卻因為他父親曾幫日本人做事，而要被用漢奸的罪名抓起來，所幸有位向來要好的外省籍朋友馬叔叔主動去跟國民政府溝通，說明當時情勢的迫不得已並詳實以報，解釋他的父親不能適用這個罪名，他的父親才安然出來。這點也造就了一個大轉折，讓父親離開了本業，而跑去創業。

基隆，在日據時期就被日本人建設為台灣與日本經濟補給的轉運點，第二次世界大戰後，中華民國政府接收台灣，基隆港口的繁忙與商機是不在話下的，歐陽明的父親聽從朋友的建議，就帶著創業的偉大抱負來到了基隆，等於離開了老家大溪，選擇到基隆發展事業。

父親從大溪搬到基隆，也是應大時代的劇烈轉折，原來在南京的國民政府於民國三十八年、三十九年一艘一艘的船轉移過來，基隆成為許多生意的聚集點。

當時有很多台灣人想用跟大陸的關係與大陸那邊做生意，他父親就跟家族湊了一些錢，跑到柳州，去跟人做批木材回台灣轉賣的生意。那知木材上了船，整艘船就在柳州被偷了，募集的生意錢全成空，大家牢騷滿腹的怪他，沒想到父親仍繼續想要創業，結果他去做了一個非常不一樣的領域。

他在基隆開了劇團，有巡迴台灣表演的那種劇團，歌仔戲、歌舞故事劇等，後來甚至開了戲院，在當時，歐陽明的母親就做收付款的會計。

基隆的戲院還有劇團演出的，也包含電影。小時候的歐陽明，即看過不少劇情片，包括港片、台語片、美國片的電影，描寫人生的舞台劇，道盡人生的喜怒哀樂。當然也看到了播放電影的機器運轉、暗房內拷貝影片的特殊強光和燈泡的熱等一些罕見的事物，還看到專業播放的技術，還有，常會看到大明星。有一天晚上，國小六年級時的歐陽明坐在家中一樓往二樓的樓梯轉角處，往樓下客廳看下去，剛好看到趙雷與父親在聊天，親眼看到趙雷，當時趙雷是風靡港台當紅男星，素有「皇帝小生」之稱，覺得好是興奮哦！明星的效應，讓人熱血沸騰啊！

不過，好景不常，父親名下的國安電影公司因為轉投資國泰製片廠的關係，成為國泰電影的台灣代理商，同時又投資拍片，當在香港的國泰製片廠傳出財務危機時，父親投資的資金，求撤無門、一去不回，財務隨即陷入危機。

當時台灣有很嚴的票據法，一天的半夜十一點多，警察來敲門，以他父親違反票據法為由，連夜要將父親移送看守所。父親是基隆的仕紳，又是名人，被關在看守所簡直要他的命！當時全家都擔心父親會因為抬不起頭，而選擇自殺！

當警察押著父親進入囚車時，當時還在讀高中時的歐陽明毫不猶豫主動向警察提出請求，願意幫父親進看守所。當然這是不符合法律要求，警察堅持押他的父親進看守所，全家人擔心父親想不開，警察通融同意讓歐陽明陪著父親住進看守所，這是歐陽明生平唯一一次進了看守所的特殊體驗。1

即使顛簸度日，仍要勇敢一搏

父親在大溪時與元配生有一男一女，到了基隆再娶，生下老大歐陽明，然後妹妹歐陽慧及小弟，三個孩子。小時候的歐陽明在受過日式教育的父親嚴厲管教，卻

媽媽抱著歐陽明（妹妹歐陽慧提供）

父親抱著歐陽明，母親抱著妹妹歐陽慧。（妹妹歐陽慧提供）

2008 年春節期間，歐陽明與母親和二位兒子合影。(歐陽明提供)

有過與父親之間的親情交融，印象最深刻的是，他在幼小時，每當洗好澡在榻榻米上玩，他的父親會用腿壓著他玩，被壓著的他，就會盡力去搏鬥，更想要扳回壓制，就在這一壓一反的有趣互動中感受到父親的疼愛，也成為親情的回憶及深深埋下毅力養成的因子。

「我的父親對我影響很大。」歐陽明的回憶中，提到父親講起日本人如何在學校社團中整台灣人，尤其是父親這個優秀學生，要你參加柔道社，要把你打到吐，到劍道社就故意用力敲、砍、戳，父親講述，許多日本人要修理他，挑釁來打架，甚至以多打少，父親這時就選擇拿雨傘反擊，戳，戳日本人！小歐陽明有回還問過父親，這樣會不會打死人啊？他父親說他們都不擔心打死人，我還擔心打死人啦！對父親的這方面印象，非常深刻，總覺得父親是一位優秀又強壯的人。父親面對日本人的堅毅個性，在小小的歐陽明就印下了對父親的景仰！

優秀又強壯的人，也會有面臨崩潰及死亡的恐懼，但面對挑戰，唯有奮力一搏。父親投資電影業失利後，加上基隆的戲院市場非常競爭，沒有冷氣的電影院，愈來愈吸引不了人潮。父親決定放手一搏、重新改裝電影院。由於家中財務吃緊，為了節省成本，全家都投入改裝工作，那時候的歐陽明才剛考完大學聯考，就充當水泥工、做粗活，幫忙減輕人力負擔。

不過，父親卻因為被債務所逼、加上電影院改裝太過勞累而中風，歐陽明所景仰的巨人，就在他當兵時過逝了。「人生有很多像死亡一樣的事，淒慘的境界，還是要勇敢奮力一搏。」如今年屆七十歲的歐陽明，還是堅定地體認這句話。

閱讀的陪伴，
造就「腹有詩書、氣自華」

小學一到四年級，歐陽明被父親安置到大溪的老家與祖父同住，那個是在大溪老街中有著雕簷畫壁的老式屋房，屋內深長，很多房間，供家裡許多人居住。大媽的小孩，幾位堂哥們都已經在讀大學的年紀了，都已經離開老家去就學，小小年紀的他放學回家，家裡沒什麼人走動，甚至假日。幽暗的屋內，讓小小的歐陽明得學著自己克服寂寞。

午後，一道陽光穿透進入屋內，歐陽明捧著小說看，偶爾抬頭，望著窗外，一隻黑白相間的花貓，悠閒地在屋頂上享受日光浴，睡著了，彷彿這是牠的天地，與世無爭。歐陽明很羨慕，牠怎麼可以那麼從容悠閒啊！

雖然沒有玩伴的歐陽明，對周遭的探索，其實是停不下來的。兄長們留在家中不少的書籍，探險的、人生哲理的、世界名著的，還有愛情小說的，雖然是大人世界裡的文字表述；也因好奇、也是無聊地翻閱及咀嚼起來這些厚厚的書。

小學年紀的歐陽明就看過哥哥們青年時代很紅的小說，像《藍與黑》、日本人寫的《冰點》、《籃球情人夢》、《愛情三部曲》等等。他似懂非懂地試圖了解書中的情節；不同於多數的人，他的記憶很好，即使不能讀透書中的意思，卻也記得內容。他聊起當初對書中情節的困惑，「書的內容講到角色轉變，對人的認知是不一樣，奇怪是好像壞人，又是匪諜，到最後的故事，怎又是變成好人？似懂非懂的沒甚麼心得，只是記憶到現在。」還記得看過一本書，說道，人可以不吃飯，只要喝水，曬太陽，就可以活。長大後還在縈繞著想著這件事，是光合作用嗎？還是科幻？看起來他是很能親近書本，又能加以思考的人。

閱讀充實人生，反覆咀嚼滋養

歐陽明回憶他當時看過的書：「我印象最深的書，有傑克．倫敦的《海狼》，海明威寫的《老人與海》，李察．巴哈的寓言小說《天地一沙鷗》。」《老人與海》寫古巴老漁夫桑地牙哥，一連八十四天都沒有釣到一條魚而被村民們揶揄嘲笑，但他仍不肯認輸，划著槳櫓小船出海，在第八十五天釣到一條超大馬林魚，展開人與魚的生死搏鬥，經過兩天兩夜，終於制服大魚，把魚拴在船邊，但又引來許多鯊魚前來掠食這隻馬林魚，老人拼盡全力，用了一切可用的武器來對抗，想保有這條戰利品，但大魚的肉仍被啃光。直到返回漁港，人們看著整排巨大的魚骨頭才驚歎，這條未曾目睹過的巨魚屍骨。

《天地一沙鷗》是寓言體的小說，描述一隻自命不流於俗媚的海鷗，有別於其它安於在海港啄食小魚蝦、麵包屑的海鳥，牠卻執著要飛得更高、更快、更遠，從飛行與精進飛行中找到熱愛生命及一份歸屬感，牠曾被屬群們拋棄，到後來受到同儕賞識接納，找回自己的熱忱與自信，並再回到牠原先的屬群，引導牠們，幫助牠們發掘自己天賦的能力，啟發卓越潛能並超越後天環境加諸的限制。

這兩本書同時都描繪世界是充滿庸俗見解，隱喻生靈界可以不用隨波逐流，仍然要有勇氣堅持理想，終於有一番天地。

至於《海狼》這本書，寫著早期一艘名為「幽靈號」以捕獵海豹為生的帆船上發生的一場動人心弦的搏鬥和刻骨銘心的愛情故事。這當中有男有女、有柔弱者也有粗暴者、也有自私貪婪與關懷互助。「在與大海的搏鬥中顯示人類的渺小，但即使是殘酷的鬥爭中，也會有生存競爭的抉擇，生存是第一要務。」

「尤其是傑克．倫敦寫的《海狼》這本書對我影響比較大，海狼讓我知道，要生存下去，就要成為最強、最大的那個細胞，才能活下去，這給我很大的啟發！」歐陽明以銳利的眼神、堅定的語氣回應這雖然已是事隔有六十幾年前的讀後心得，很深刻的感觸。

一個年僅十歲的小孩，如何能有看完長篇小說的能耐，並且對書本有這麼深刻的體會？「弟弟和妹妹沒去住過大溪，只有我去大溪跟祖父住。當時基隆新生日報每周都會出版一本給小朋友看的書，妹妹每週都會把書寄去大溪給我，我都愛不釋手。」可見小時候的歐陽明，就是如此地愛看書，大人世界的書、小朋友的童書，都喜歡，就是愛讀書。

即使到了現在公司已有不小規模，忙碌的他，只要有空閒時間，還是看書。有一位很資深的主管提到，某年過年後見到董事長，很高興的聊到他帶小孩子去哪裡哪裡玩，那董事長全家去哪裡玩啊？董事長指著桌上說，桌上十幾本書都是過年期間看的，還熱情地說告訴他，已經看完整理好了，「你可以看這些就好，其他的不用看。」「哇！超厲害的！」。這位老同事打從心裡佩服著董事長。

兒子眼中的爸爸，是不會把商場的壓力和情緒帶回家，大兒子歐陽玄現在承受工作的壓力下，非常有感觸的提到，稱讚父親：「我要說我爸、他真得很厲害，我自己是做不到的。他回家之後，就是回家了，而是指他的情緒，他可以把情緒控制的很好，說實話我是做不到的。」歐陽明聽到兒子這樣說，也不免有點自豪的回說：「我自己要講一下，不把工作和情緒帶回家，這個是功力。」所以，家中經常看到的場景，是小孩寫功課或看著電視，歐陽明在旁默默地看著書。

看哪些書呢？「管理方面的工具書和人生體驗的書啊！」二兒子的記憶。書讀多了，文青的靈魂一直在內心的角落。回到家後，歐陽明沒有帶回繁雜的商務煩惱。陪著家人，自己也可以悠閒地翻翻書及寫寫小品，順便喚醒與抒發內心文青的靈感。藉由美麗的辭藻，迸出首首的新詩，這也是歐陽明的休閒方式。

兒子說，記得小時候，爸爸會吃完飯後帶著他們到附近巷子裡走走逛逛，然後就吟起詩來。像是「月黑雁飛高，單于夜遁逃。欲將輕騎逐，大雪滿弓刀」。「爸爸還會唱著自己編的歌，印象中的歌曲，開頭是有一條小河……。爸爸年輕的時候，也寫了散文投到《聯合報》那邊登出來呢。」小兒子歐陽磊聊起小時候的記憶。道出對父親的一份敬佩感。

在大溪的生活，日子好過，但是不溫暖的，沒有父親小時候在榻榻米上與他玩著搏鬥的那份貼身溫馨，倒也讓他飽讀人生哲理，敘事邏輯，善惡分辨的道理。胸中的那一座秤，已隱隱成型。

浪漫昇華為理想，領導魅力漸浮現

然而童年時期，還有一個有趣的轉折經驗。小學五年級時，歐陽明又回到了基隆，猶記得當時的導師陳嘉莊老師，在高年級班大家比較有升學壓力的同學生活中，陳老師給予如陽光溫暖般呵護，這種溫暖的感覺，一直深深映印著，是與大溪那種理性又冷漠的反差，也是內心一種渴求溫暖的投射。他特別記得在一個下著雨的日子，從教室望向外頭的草地，小雨間歇地灑灌大地，綠油油的小草興奮的接受雨滴……。

「嚴格講起來，我對我哥哥非常佩服的一點，就是在那個資訊不是這麼透明的年代，社會有很多的不確定性，但儘管不確定，他一樣勇往直前。這個是我挺佩服他的一點。」妹妹歐陽慧回憶著小時候的哥哥。

「回憶起來，其實他的童年是蠻與眾不同的，比方他一直就不是個貪吃棉花糖的小孩……，我記得，大概他小學五年級吧，他一直想去看一部電影叫《黃金孔雀城》，因為當初我們的零用錢才一毛，小朋友一拿到錢，都會跑去買那個金光糖，記得當時的半票是兩塊半，他就為了要看那部電影，一直存錢。那部電影是部日本電影，敘述琉球王創業復國的故事。我為了讓他帶我去看電影（另一家電影院演的），當然是要付出代價，兩天就變成一個小奴隸小跟班……現在回顧，他可以為了他的目標忍受很多。」妹妹由衷的佩服這位兄長，當然，她也要邀功一下，哥哥的小時候閱讀的兒童書報，都是她每週得做的郵寄工作呢，還有，哥哥當兵時，還得親自做他愛吃的油煎麵餅寄去兵營。

「他另一個……，其實這個是有跡可循的……」，「我第一次看到他寫文章，寫的是一篇祭弔文，那個祭弔文叫做《弔江青》，不是大陸那個江青，而是當時主演西施那部戲的女主角也叫江青。」演西施的女主角要去結婚了，偶像幻滅了，然後寫出殘念的祭弔文嗎？「回顧想想，他喜歡的其實不是西施這個女明星，而是那個故事，春秋戰國諸侯爭霸，他喜歡的是歷史中的蓋世英雄、宏圖大略、氣吞山河！」江青演活了西施那個角色，在幾位蓋世英雄之間，用女性特有的柔媚，使群雄也都折服。那個年代，瓊瑤當道，大家都追逐談情說愛的小說，而他獨獨沉溺於歷史人物，據稱《弔江青》是在他的初一時候寫下的。歐陽慧還沾沾自喜的說，她小時候一直都是哥哥的頭號讀者粉絲呢。

他高一的時候，每天在火車上通勤，有感而發寫了一篇散文《雪山行》，以筆名「野風」投稿在報紙上，以最顯著的位置被刊登出來，妹妹也感到很佩服。

「腹有詩書氣自華。」妹妹是這樣形容歐陽明這位大他兩歲的哥哥。她聽過祖父描述說哥哥住大溪的時候，每次出去都會帶一個小板凳，然後站在板凳上跟大家演講。「他初中以後，我也看過在家裡，有很多他的同學來，以前家中有很多日式矮桌子，他都會站在日式桌上面講話。」他讀得進書，文章幫他啟蒙見識，尤其看了許多奮鬥勵志的書，吸收了，貫串了氣質，所以當江青出嫁了，他看到的西施就在他心目中去世了，然後寫出一個祭弔文；在人群中勇於發聲、要站在高處表述自己的意見。從浪漫昇華為理想，成為影響力，領導魅力逐一浮現。

雪山行
聯合副刊

《聯合報》副刊刊登歐陽明年少時的投稿作品《雪山行》。(歐陽明提供)

勇氣的鍛鍊——椅子上突起的釘子，選擇面對它、解決它

「我父親和書改變我的思想，軍隊改變我的行為。」歐陽明自述讓自己產生很大變化的地方，是在軍中的養成。

在當兵之前，也許可以用「文青」加「憤青」來形容歐陽明渴慕烏托邦美麗人生的文質青年，但到了軍中，可不是講這一套的地方。歐陽明反而擔心步調跟不上訓練的腳步，會被教訓，而顯得誠惶誠恐。新兵訓練中，向左轉、向右轉、向右轉走、跑步……，這些看似尋常又機械式的吼叫，在操練場上，操持指揮的人和被操練的人，彼此都互為壓力源。「這個時候，有下命令比沒有下命令好。」有命令，部隊才能有個集體動作的依據，對於操持指揮的人，下命令的時點很重要，要做一個明確的指示，在行動之間，很精準的時點，下達一個大家都可以做到、做好的指

令。這個時候，有下命令就比沒有下命令好。歐陽明回憶這段歷程：「不一定要當領導者，但是當要下命令時，就要下好命令！」他當時是預官排長，就是要當個下好命令的領導者。

「進部隊後，改變了我的柔弱，一下部隊就當傘兵排長，因為帶的阿兵哥都很強悍，還有原住民的，既然當排長，就要比他們強悍，要不就帶不動他們。」回想起在高中的課堂上，曾經有一件事，跟這有點關係，而且印象深刻。歐陽明的高中地理老師，講過一段話令他常記在心裡：「如果你的椅子上有個釘子翹起來，你可以有兩個選擇，第一個選擇是你坐著，然後避開那個釘子；第二個選擇是你拿個石頭把釘子敲下去。」這就是面對困難時，你有兩個選擇，一個是假裝沒看到把它避開，第二個就是面對它、解決它。

服兵役強迫成長，面對困難不再怕

傘兵都要經過基本傘訓，才能配上跳傘的徽章走出來。第一個階段是三個星期，五十六小時的七階段地面訓練，包括「跳台側滾」、「機身訓練」、「吊架訓練」、「擺動著陸」、「高塔訓練」、「穿傘訓練」與「收傘訓練」。通過這些訓練以後，才能進行第二階段的空降訓練。實際的空降訓練，則有白天徒手跳傘、夜間跳傘、武裝帶槍跳傘及平面、山地、海面、著陸等訓練。

在高塔訓練有一道難關，就是要從三十四英呎高度跳躍蹲下翻滾著地。三十四英呎是人類本能上懼高的平均值，約略是十公尺，差不多是有三層樓高，能克服三十四英呎，那往後搭機跳傘就比較不會臨場退卻。當時訓練官會嚇你說，如果傘訓沒過就會被退訓，打回去當步兵，讓你吃足苦日子。歐陽明此時心中告訴自己，「傘訓一定要過，傘訓一定要過，跳下去，最多是摔傷而已，不會死的。」用來緩解自己害怕的情緒。

即便如此，還是難忘登機跳傘的體驗：「長官喊第一次跳，我得跟著喊，跳！但，腳無法動跳。長官喊第二次跳，我跟著喊，跳！腳還是跳不下去。到第三次喊跳，心想第三次再不跳，就會被踢下去，如果不跳就會影響到後面的人！」

跳！

跳下去後，周邊都是白雲圍繞，大夥喊著：傘開！傘開！

還記得跳下去後的感覺和心情嗎？

「哇！美！好美！是一切都靜止的美，擁抱藍天白雲，痛快的美！」歐陽明有點沉醉的回答。

這一段刻骨銘心的體驗，歐陽明清楚的回憶道：「當兵的兩年，雖然對很多人來說是浪費時間的，但對我的影響是正面的，對我以後都是正面有用的影響。」

歐陽明小學五年級，他父親讓他回到基隆的家，考量的是他的升學。在那個年代，升學的壓力重，必須先進像樣的初中，才有機會考進好高中，而在好高中就讀，才有機會進到大學。更何況他父親是台北工專，當屆只考進三個台灣人的，歐陽明的哥哥們也都進大學或出國留學，父親即使忙著生意，無法緊盯他的功課，但他也心中有數，至少要讀出個樣子。

當初依他的高中志願次序，考上的是宜蘭頭城的復興工商，得從基隆搭火車通勤，但這畢竟不符他的所願，所以第二年重考，考上省立基隆中學，然後朝向大學之路前進。當年的大學聯考錄取率極低，光基隆中學要能考上大學，也只能說是只有一半的機率吧！考完了大學等待放榜的心情，更是極度忐忑不安。其實父親即使貌似嚴厲，也沒有逼他，只是作為兒子的，心裡有自動自發要承擔的心，壓力是自己給的，突破困境，是那始終未曾放下的心。

人生的另一半，無後顧之憂、感謝賢內助

在研究台灣經濟奇蹟的發展史中，最大的功臣，當屬是拿著「一卡皮箱」走天下的中小企業創業家們，但，還有一個很少被發現的秘密，即是「頭家娘」。逢甲大學董事長，也是社會學專家的高承恕教授出版過一本「頭家娘，台灣中小企業頭家娘的經濟活動與社會意義」，就是針對中部地區中小企業創業家的另一半所做的研究報告。

高董事長書上的第一章〈被忽略的另一半〉的前言就提到「……在臺灣中小企業，乃至臺灣經濟發展中，『頭家娘』都有她獨特、實質的努力與貢獻，換個有點誇張，但卻符應部分事實的玩笑式比喻，『頭家娘』不只是頭家的另一半，少了她，所謂的『臺灣經驗』也就少了一半。」所以，提到成霖的「頭家娘」、歐陽明的另

一半，原來她的角色也是如同書上形容的「企業的背後，或隱或顯，都有一隻溫暖有力的手」。

但是，若問起成霖員工，老闆娘或頭家娘在哪？現在的成霖員工居然不是很清楚是誰了。但，資深一點的員工或以往與成霖往來的廠商或銀行人員就會說，「歐陽夫人？喔！您在問張小姐嗎？我們都稱她，張小姐。」

聊起歐陽明如何認識他的另一半的？歐陽明還略顯羞澀的提起往事。

一見鍾情初體驗，執子之手終不悔

一九七一年的某一日，在灰灰濛濛似要下雨的基隆市區街上，前方看到一位穿著短裙、長相甜美、臉上浮現燦爛笑容的女生。當時，面對隔天大專要放榜的緊張時刻，心情沉重與擔憂，若是沒考好學校，如何向父母親交代？或是得去當兵了？歐陽明很不解，為何前面那位女生可以如此開心？為何可以如此陽光？她是為何事可以如此快樂？為何怎麼人生如此不公平啊？一連串的問題，在心中一直產生。

就這樣，不知不覺地就默默跟隨在那位女生後面行走。跟著、走著，繞到一個小巷子，沒得再走下去了，得面對這位女生了，只好，很貿然的過去問她，跟她問認識、跟她要地址。

十六歲的張素香小姐，突然面對這位臉上長滿青春痘的青年走過來，提出要她的聯絡地址，是有點驚恐。單純又可愛的張小姐想著，「我家是住在瑞芳的山上，留地址給你，你也不見得會找得到。」所以，就給他地址了。

其實，張小姐想錯了。雖然，當年沒有手機方便聯絡，居然，也不需要用到書信交往。原來，歐陽明家距離張小姐家不是很遠，歐陽明說：「常見面，每個禮拜見面一次，所以，當兵退伍後，就結婚了。」

緣分就這樣產生了。張小姐的人生，就這樣跟著這位男人—歐陽明走下去了。

結婚前的戀愛時光是浪漫與快樂的回憶。

歐陽明大學畢業後，等著兵單去服兵役前，找到個打工的工作。心想為了約會方便，就把在建設公司工作的張小姐找過來一起來當銷售員。當時賣抽油煙機是得跑外務的，得挨家挨戶敲門問賣的。歐陽明和張小姐的業績都是掛零分的，薪水只有二千元，因為，他們每次都出去玩。

就有一次，他們又出去玩。要去北投地熱谷，順便賣抽油煙機。突然，張小姐的鞋跟斷了，得先回去換鞋子。歐陽明想著，那他先去做生意好了。剛好來到一棟公寓，就打著「買抽油煙機，不滿意可以退貨」，公寓的街坊鄰居都圍了過來聽，那天居然就賣了三、四十台。隔天，歐陽明的業績就變成了第一名，張小姐理所當然的是第二名。這也就是歐陽明第一次展現他的業務能力。

傳統的台灣婦女，結婚後，就是「嫁雞隨雞，嫁狗隨狗」。從單純、曼妙的少女，談完戀愛，理所當然的結婚去。結婚後，名字冠上夫姓，轉變成歐陽太太，也開始了多重角色的忙碌生活。

「我二十四歲結婚，其實，說真的，我也沒有什麼人生規劃。就這樣結婚了。」歐陽夫人這樣起個頭，開始回想起以往的時光。

結婚之後，夫妻倆在台北市當起上班族。兩年後，歐陽明服務的貿易公司倒閉，歐陽明決定要創業。以前的張小姐，這時又多了一個角色，已經是有個才出生一歲兒子的年輕媽媽。

先生的夢想與使命，妻子當然是不二人選的支持者、啦啦隊長，更是參與者、是最毫無怨言的工作夥伴。但是，一天只有二十四小時，要怎麼運用這二十四小時？對家務、新手媽媽，現在又得學習與協助先生的事業，面臨時間限制，時間分配與工作活動內容上，這是要當「頭家娘」的第一門功課與挑戰。

「頭家娘」在公司做哪些事？

創業初期都是在繳學費、在燒錢。為了節省開銷，夫妻兩人可以自己做的，就不要花錢雇員工，公司人力都是用在最精簡的規模。老闆理所當然負責出外打拼業務、提著一卡皮箱、單槍匹馬的出國參展、拜訪客戶；老闆娘就鎮守在辦公室，是財務長、是總經理、也可以是包裝人員、是總務行政，更可以簡稱是「打雜的」，只要沒人手做的，就得自己來。

「那時候，真的還好年輕，就像超人一樣，小孩還小，公司的事情也要管……人事、總務、什麼會計、什麼出納的，都是我要做。包括辦公室的廁所，有時候沒有人洗（也要去洗）。有一次公司那個陳副總，進去廁所出來跟我說，妳剛剛去掃廁所喔？我問他怎麼知道，他說廁所變乾淨了啊！因為，那時候，就是會看不下去啊，就知道把它刷一刷、洗一洗，因為也沒有人說誰一定要去洗廁所，那時候也沒有清潔人員……」回想起創業初期的歲月，歐陽夫人聊起來以前一人身兼多職的「頭家娘」工作。

家庭事業兩頭燒，女性堅毅令人感佩

除了分擔頭家的創業工作，回到家中，還有家務和養育子女的工作要忙呢！每天為了事業這麼忙，子女的教養是如何安排和分工呢？

「我有兩個兒子，其中老二是個聽障兒，可能因為一歲時發高燒，用藥過度所造成的吧！一般聽障小孩通常得接受訓練學手語，但我的太太卻堅持訓練小孩子學習口語。」歐陽明是這樣簡單地介紹他的家庭成員。

其實，老大歐陽玄就在二〇一九年接任成霖董事長；二兒子歐陽磊雖是聽障，也克服了自身的障礙，現也成家立業了。目前創立一間社會企業公司**2**，為聽障者

家庭旅遊相片（歐陽明提供）。

在聽覺社會的網路有個視訊溝通與服務平台。

天下的媽媽都一樣，工作再怎麼忙，再怎麼辛苦，只要子女的健健康康、堂堂正正的做人，就心滿意足了。

「讓聽障的孩子去講話，因為他不是沒有聲帶，像我不會講英文，是因為我沒有學習，你看我們嬰兒，一個字、一個字、一個字教，但是他沒有聽到，他不是笨蛋、也不是沒有聲帶不能講話，是他沒有儲存。所以，我兒子到一歲七個月，確定他是聽障，我開始儲存，一個字、一個字、一個字給他輸入。」歐陽夫人說明了她堅持要二兒子學開口講話的理由。

「有一陣子，剛搬來（台中設工廠）的時候，媽媽、爸爸去上班，自己帶把鑰匙回家，我大兒子就是鑰匙兒童。……哥哥他非常的乖，因為我們老二的緣故，他很貼心，他跟弟弟差四歲，有什麼事，我都會交代他，他都會幫我弄好好的。」

「我忙得要命，回來要煮飯，打理家裡，還要看孩子的功課，尤其是我們老二的功課。每天真的是、真的是忙的，我想說還好那時候很年輕，體力還很好。」

「像我小兒子聽力問題，我大兒子很好。但，那時候我就想說，會有一天我兒子一定會跟我說，為什麼把他生的跟哥哥不一樣。想不到這個事情很快就來了。大概是因為以前都接送上、下課。有一天，兒子我老大應該是小四，老二應該是小一，開車帶他們回家。然後（大兒子）在車上跟我講說些今天發生什麼事的，我們兩個就很有互動，我開車他們坐後面，我小兒子就去吹那個窗戶的玻璃，他突然就說，『臭媽媽，臭媽媽，為什麼把我的耳朵生的聽不見？』而我想說我得要面對了，我以為他要再大一點，想不到這麼快就要面對，我在想我該怎麼辦？我也就沒有講話。我也沒有停下車來跟他講話，我就一路開回家，我一直在想，怎麼辦？怎麼辦？」

這時，歐陽媽媽回憶起這四、五十年前的往事，記憶猶新，語帶哽咽說起一個心裡永遠的缺憾、永遠的痛。

「回到家之後，我就把小兒子抱過來，我坐在地板上，把他抱在我的膝蓋上面，面對面，這樣子抱著，跟他講說：『歐陽磊，我真的很抱歉，真的很抱歉，沒有一個媽媽，要他的兒子耳朵不好的。』

他竟然聽得懂耶，我說：『真的很抱歉，沒有一個媽媽要他兒子的耳朵不好，真的很抱歉，我也不知道為什麼你的耳朵會不好。』」

「我兒子竟然聽得懂耶！那次之後，他就沒有再跟我抱怨過這件事，我就是非常感謝的地方，感謝我這個兒子。」

「但是，我也是盡心盡力在帶他，因為那時候教他，真的很辛苦、很辛苦。」但，再怎麼忙、再怎麼累，現在已是歐陽奶奶的她，熱淚盈眶卻面帶微笑地訴說四十年前是如何度過的歲月。

歐陽明看在眼裡，也是懂得，也是左右為難的心疼老婆的累。

「為了教小孩，她專程跑去上特殊教育課程，學習如何訓練聽障兒，看她每天教得如此辛苦，兒子還是無法用口語說話，我常勸她放棄算了，乾脆讓兒子讀特殊教育班、學手語，但我太太還是堅持要兒子與一般正常人一樣，讀普通班，學習用口語說話，甚至陪著兒子上小學。」

「直到小學半年後，我們全家人到郊外踏青時，太太指著地上的鮮花，一個字、一個字的教兒子說『這是花！花！』，沒想到，兒子竟然正確無誤的說出『花！』的發音，我當場感動、激動的差點哭出來，因為，自兒子出生後，連最簡單的『爸爸、媽媽』都不會發音，現在卻會說話了！」

「現在我的二兒子，還可以打電話跟朋友聊天了，不仔細聽兒子的發音，一般人會以為他是個僑生，根本聽不出兒子有聽障問題，所以，我兒子算是聽障兒成功學習的案例。」現在歐陽磊專心在為聽障朋友與外界的口語溝通做一個服務平台的社會企業公司，讓歐陽明很感欣慰，也不再遺憾與擔憂小兒子的未來發展。

歐陽明是很老式的父親，與二個兒子的相處，不是熱烈擁抱型，而是愛在心裡口難開的悶騷型，但他卻是很放心她太太對兩個兒子的教養，與感謝老婆為這個家庭付出的辛勞。

半百的歲月過去了，成霖的「頭家娘」，從張小姐變成歐陽夫人、歐陽奶奶，無怨無悔地講述這五十年，居然就這樣過去了。小故事一個接一個的串成台灣典型傳統婦女的一生。有甘苦的付出、也有甜蜜喜樂的回報，卻也口口聲聲的感恩，感恩先生為家庭、為成霖的辛苦投入，感恩婆婆的相處，感恩兒子們的成長，感恩她遇到的所有貴人們。

1. 內文參用於二〇〇六年工商時報刊登名為【歐陽明的履歷表】系列專欄，為歐陽明之自述。

2. 社會企業（英文：social enterprise），簡稱社企，是從英國興起的企業型態，目前並無統一的定義。概括而言，社會企業從事的是共益性事業，它透過社會創新以及市場機制來調動社會力量，將商業策略最大程度運用於改善人類和環境生存條件，而非為外在的利益相關者謀取最大利益。其投資主要用於企業本身或社會。與一般其他私有企業不同的是，它不只是為了股東或者企業的擁有者謀取最大的利潤而運作。此概念於中國通常稱「福利企業」。

社會企業的法人身分可以是營利性質的、也可以是非營利性質的，並且它的表現形式也可能是共同合作模式、成熟的組織構架、非獨立實體、社會商業或慈善組織。

二〇一四年由行政院頒布了社會企業行動方案，並訂立該年為「社企元年」，以「調法規」、「建平台」、「籌資金」及「倡育成」四大面向，交付勞動部以及經濟部執行，預計於二〇一六年底完成於全台育成一百家社會企業、協助二十家社會企業參與國際論壇等目標。

https://zh.wikipedia.org/wiki/%E7%A4%BE%E4%BC%9A%E4%BC%81%E4%B8%9A 維基百科

一家四口的旅遊相片（歐陽明提供）。

貳.

水滴的形成——成霖企業

成功不是結局，失敗也非末日，堅持努力不懈的勇氣，才最重要。

Success is not final, failure is not fatal: it is the courage to continue that counts.

一 溫斯頓·邱吉爾（Winston Churchill；1874 ～ 1965）

只能勇往直前的未來——創業的基石，就是誠信

說是命中安排也好，還是認同「條條大路通羅馬」的想法，只要你肯努力，就有出路。就因為讀淡水工商的觀光事業系，在觀光科系上的要求，特別重視語言能力，同時接觸外國資訊的機會更多，就這樣歐陽明畢業後注定要走上貿易商這條路的開始。

兩年的兵役，他雖是身為預官排長，但在空降旅也實在不是個輕鬆的單位，更是得戰戰兢兢、如履薄冰的數著饅頭。在讀大專時，就很清楚以後的就業方向了，歐陽明在服兵役的期間，總是努力地找出空檔熟讀「國際貿易實務」，一本淺綠色封面巨大的厚書，甚至在他打野外演練逢休息空檔，也拿出來翻閱，書頁內還可發現沾著土灰與汗漬的痕跡呢！不知不覺中，對各種貿易程序都瞭若指掌了，退伍後

理所當然的就往進出口貿易商求職。

一九六一年至一九七二年代，政府當局的經濟政策，是以擴張出口貿易為導向的工業化時期。當時，台灣就是在「客廳即工廠」的時代，一切為外銷，大家都搶著賺外匯，能與外國人做生意，彷彿是一件很了不起的事。

他的第一份工作，也是唯一為他人公司上班的一家名為「崇峰實業」的貿易公司上班，負責出口業務。當時都是靠他自行摸索、安排出口業務，當然，這些的工作經驗也就讓他累積了許多出口經驗，打下創業的根基。

初生之犢，不畏虎；從未踏出國離開台灣的年輕人，為了公司的出口業績，單槍匹馬，提著裝滿樣品和型錄的007手提箱，搭乘華航，摸索著如何轉機，就為了前往中東，因產石油而非常富有的國家，沙烏地阿拉伯。

「一卡皮箱」走天下，勤奮無人可比擬

話說007手提箱，是一種硬殼的塑膠手提箱，裡面裝有筆記本、計算機、目錄、文件和幾件樣品；當然也是有真皮硬質外殼的高級手提箱，這是早期007系列電影

裡男主角必備的道具；這樣造型的的硬殼手提箱，也因電影大紅而成了當時的標準配備，如果當你也想加入貿易人的行列。

就有多位研究台灣中小企業的學者報告指出，「一卡皮箱」走天下，代表著台灣中小企業的奮鬥精神。台灣中小企業之所以能夠在一九六六年之後發展成為主要的出口主力，是由於這些中小企業在產銷過程中，形成緊密的協力網絡。

當時，台灣的小企業或貿易商，為了爭取訂單，卻又沒有多餘資金可以在國外的展覽會設立攤位展示自己的產品，常常就單槍匹馬或跟著政府組團的參訪團，前去這些國際展覽會上，搶站個人潮比較多的地方，拼命勤發傳單 DM，只求拿到的老外，能夠看一眼或開口問一下。喬山健康科技董事長羅崑泉也曾聊過當初的經歷，為了爭取訂單，喬山的 DM 開頭就強調「I can do every thing」—因為拿到訂單就是成功。

「產銷分立」就是類似「崇峰實業」這些的貿易商在國外開拓業務、拿訂單，而再與中南部的生產工廠形成協力合作的關係，這些貿易商主要是靠著語言的優勢，補足生產工廠無法自行與國外接單的困境，彼此長期合作的信任關係，互為依存。

一九七八年第一次離開國門的歐陽明，遠赴神秘國度，又背負著拿回訂單的壓力，說不緊張是騙人的。

勇氣，是要不斷地培養灌溉的，他信心滿滿的對公司同事宣稱要至少會拿回佰萬美元的訂單，運氣好的話說不定是仟萬美元訂單喔！其實，這也是種對自己的鼓舞，用不斷的自我暗示與催眠來讓自己消除疑慮、讓自己有著不得不為的動力，來邁開大步前往這其實內心非常忐忑不安、完全陌生的國度。

終於，飛機降落在沙烏地阿拉伯的達曼市，這就是神話故事一千零一夜的神秘國度？沙漠、飛毯、罩著面紗的肚皮舞孃、綠洲汲水的熱帶風情？此時的他，心裡的歡呼與好奇克服了對陌生環境的恐懼。

接下的十天，就得開始進行所謂的「陌生拜訪」，要在達曼市的一條三百公尺長的五金建材批發市集商店街中，去敲門、去自我介紹、去攀談，去挖掘潛在的客戶並與之交易。

若要形容這個心境，「月黑雁飛高，單于夜遁逃。欲將輕騎逐，大雪滿弓刀。」頓時湧上心頭。這是個不知結果，將會是徒勞卻還得鼓起勇氣去做。就像在大雪夜一心要追單于的漢將，雖然雪已堆滿了弓刀，他仍然追上荒原，明知結果是徒勞卻基於職責而奮鬥不懈。

歐陽明對這第一次出國從商的經驗記憶猶新，一直很想把他的體驗寫出來。事隔四十幾年後，在二〇一六年終於把它以小說型態出版了自己的著作《曾經的年代》，以自己的經歷為基礎，加上豐富的情節，描述出當年七十年代中東商戰的長篇小說。

塞翁失馬焉知非福，誠信讓他勇氣滿滿

一回生、二回熟，歐陽明在崇峰實業負責的出口業務，越來越熟練了，也讓公司在出口業務上賺錢，但公司的進口業務卻虧損累累，經營二年後，即結束營業。歐陽明因此失業了。

上天關起你一扇窗，就會給你另一扇窗。失業了，也讓歐陽明萌起創業的念

頭。他心想，有過在貿易公司的工作經驗，看來開貿易公司應該不難吧！

二十九歲那年，歐陽明回去找家人商量討論，母親慨然允諾，借了一佰二十萬元當資本，以四張桌子、四個人、二支電話，創立成霖企業。

就這樣在台北市仁愛路、安和路口的四十幾坪住宅，便成了住家兼辦公室的成霖企業開始營業。

剛開始，成霖專營建材五金貿易，代理的商品包括木門、腳踏車、水龍頭、甚至香皂、瀉藥等各類雜貨都有，只要國外有需求，成霖都努力的去找協力廠商出貨。當時的貿易開發對象，是南太平洋，比如關島，是美國的屬地，但是跟美國本土廠商買，比較貴，台灣的成霖賣過去的產品，相對價格上就有優勢。

結果，成霖賣得最多的是木門。印象最深刻的是，成霖營運不到一年，就接到來自阿拉伯聯合大公國的木門訂單三片，為了保住難得的外銷訂單，成霖把木門空運到阿拉伯。沒想到，這位客戶後來卻親自飛到台灣找成霖，而且，一口氣就要下了一佰多萬美元的木門訂單。

當時看到這麼一大筆訂單，其實心裡高興的不得了，但他又得故作鎮靜、拿出名片給對方說，因為自己只是個經理，無法決定這麼大的訂單。事實是，心中擔憂的是，成霖的代工廠商無法一口氣接下如此大的產能，最後，決定只接下五十七萬美元的訂單。

不過，阿拉伯廠商出了一個棘手的條件，就是要求成霖必須提供台灣金融機構出具保證函，保證成霖一定如期出貨，這筆訂單才能成交。當年的金融機構普遍保守，為了訂單，成霖找了第一銀行開具保證函，不料，第一銀行卻反要求成霖必須另外存入五十萬元現金，充當擔保抵押款。當成霖付了五十萬元之後，卻又碰到另外一個難題，公證機構不願意開具公證信函。

當時正值農曆春節前夕，由於代工廠已將木門外銷到阿拉伯，因為公證機構不願開具公證信函，對方遲遲不肯支付貨款。代工廠老闆打電話給歐陽明哭訴說：「拿不到這筆貨款，工廠將宣告倒閉了！」當時的他，也不知道哪來的膽子，很有義氣的回答他說：「即使傾家蕩產，也會把錢賠給你！」

歐陽明話雖然說的很堅定，但掛上電話後，整個人腦筋一片空白，全身不停地發抖，只覺得好冷，冷到臉色發白，喃喃自責：「自以為是、不自量力！」老婆一看不對勁，拿了好幾件被子裹在他的身上，但，還是覺得冷。因為，一想到自己才二十九歲，創業不到一年就闖禍了，同時害了數十年老廠也會跟著倒閉，此時的他，再也顧不了尊嚴與面子了，唯一可以做的就是趕緊跑回家向家人求救。

正當他和家人坐困愁城，以為自己一手創立的成霖企業即將倒閉時，這家公證機構竟意外地同意開具公證函，阿拉伯廠商後來也如期將貨款匯到台灣，化險為夷的讓成霖與代工木廠免於倒閉的命運。只是，當他準備拿回五十萬元抵押款時，第一銀行卻要求，必須由阿拉伯廠商出具「免除保證責任函」，免除銀行的保證責任後，才願意退還這筆錢。不過這個阿拉伯廠商，事後卻已經聯絡不到人了，根本無法拿到對方的信函。

直到事過二年多以後，第一銀行新上任的簡襄理，認為銀行這種作法不合情理，經過簡襄理向上層據理力爭，這筆款項才如數退還給成霖，歐陽明至今心中還是很感謝這位簡襄理的協助。不過，木門的故事還有一波。有一天，有個外國客戶訂木門，歐陽明就主動打電話到高雄木門一家工廠下單，結果，對方卻告訴他，看到錢他才願意接單。為了表示誠意，歐陽明親自抱著七十萬元現金跑到高雄找老闆。不料，老闆被他這個舉動嚇了一跳，看他捧著現金來，還虧他說：「你做生意太古意了（台語是老實的意思）！」事後，歐陽明才知道，這個老闆其實只是要一些訂金，而且，還可以開支票支付。

也就是這樣憨直又誠懇的歐陽明，或許有得到天公的疼惜，年輕創業時，很少遇到壞人。雖有過幾次生意上危機，最後也都能一一的化解了。就像有一次，成霖向一家塑膠地磚廠下單，結果，這家地磚廠老闆，因為沒有錢買原料，請成霖先把貨款給他買原料。單純的他覺得，雙方也有過交易多次了，老闆看起來應該沒問題，真的就把貨款先付給對方。

直到要出貨那天，才聽到同業說，這家地磚廠早已經倒閉了。歐陽明一聽，驚覺不妙，嚇得趕緊飛車趕赴高雄查看。到了現場，果然工廠已經人去樓空了，所有硬體設備全被廠商搬個精光。這下好了，他以為被騙了，正懊惱自己太相信別人時，工廠警衛卻對著他說，成霖下單的地磚已經如期出貨了。

是嗎？當時就有點忐忑不安的想著，地磚廠老闆都跑路了，賣給成霖的貨，若能如期出貨，品質鐵定也可能有問題。這得要小心謹慎了，所以很不放心地跑到海關中請開箱驗貨，一箱一箱、一件一件地檢查。結果，數量不僅沒問題，就連品質也過關了。所以，這更印證了歐陽明一直謹記在心的為人處事原則，「待人以誠，人回以誠，除非對方做不到！」

投入國際貿易這麼多年以來，當然，也不是就平步青雲一路順暢的做生意，也是會遇到蠻橫不講理的對象，歐陽明也曾遇到過沒有誠信的廠商。

某次，有個法國客戶寄來一個木門線條樣品，他把樣品拿給高雄某家規模頗大的木工廠看，委託對方代工生產。不過，木門出貨後，法國廠商卻認為，木門與他當初所要的感覺不一樣。基於誠信要求，他與代工廠商達成共識，二佰多萬元的損失由雙方各賠一半。

有了代工廠的賠償承諾，成霖便花錢把整批木門空運回台。不料，這家代工廠事後卻不認帳，一直不願賠償當初承諾的這筆損失。幸好，當時成霖的年營收已達三佰多萬美元，面對代工廠不認帳，成霖只好自認倒楣、認賠二佰多萬元的損失，當然，成霖就從此不再與這家沒有誠信的廠商往來。**2**

成長就需要茁壯——企業的轉型

成霖早年雖然專注經營建材五金，但對於五花八門的五金雜貨，卻一點也不內行，多年來一直想找到自己專長的產品。民國七十年代，台灣的水龍頭還處於冷、熱水各一個把手的年代，當時有一位建材客人拿著單把手可調冷、熱水的水龍頭，請成霖代為生產。

由於這個產品太新了，歐陽明還沒看過這種產品，便去找水龍頭代工廠詢問。沒想到，居然，也已經有部分貿易商也在詢問單把手水龍頭的代工廠，好像是熱門貨，這可引起他的興趣了。於是，他開始深入了解單把手水龍頭市場，慢慢發現到，台灣還沒有真正投入單把手水龍頭的廠商，即使有，他們公司規模也與成霖差不多，看來大家都是「門當戶對」、「水平相當」。

歐陽明靈光一閃，小貿易商委託小工廠代工生產水龍頭，同業不全都站在同一起跑點上嗎？加上水龍頭是家庭必需品，當時台灣家庭都已經開始使用自動點火熱水器時代了，但水龍頭還是老式的，冷水、熱水各占一個龍頭的，想像單把手水龍頭未來有取代冷、熱水分開水龍頭的趨勢，而且造型更漂亮，投入水龍頭市場頗具潛力。

這個想法，一直縈繞腦中，雖然此時的他心裡已有初步決定，但還是不放心地詢問了加入成霖團隊不久的陳重芳副總經理。

他找陳重芳副總經理商量說道，想放棄其它五金雜貨，專做水龍頭外銷貿易，否則邊做水龍頭、邊做五金貿易，如此品質一定做不好，更對不起支持的客戶們。結果，陳副總很認同這個想法，更堅定了成霖想轉型的決心。

由於台中、彰化是水龍頭的代工重鎮，位在台北的成霖與中部的廠商是有著空間上的距離。歐陽明至此再下一個重大決策，他決定把成霖公司由台北搬遷到台中，並且轉投資台中工業區內的水龍頭製造廠「欣洋銅器」，持股六成，成霖把事業重心全押在水龍頭這項產品。

賭上身家背水一戰，企業轉型迫在眉睫

一九八三年，成霖當時的年營收已達數佰萬美元了，但水龍頭營收只佔幾十萬美元，只是佔營業額的一成左右。當歐陽明決定將成霖做營業決定轉型定位時，他才三十三歲，兩個兒子：老大才四歲、老二剛出生，還有十個員工跟著他，這個決定猶如背水一戰，身上背負壓力之沉重，可想而知。

在談到成霖堅持專注於水龍頭貿易，還有一件事一定要提到，而且，因為這件事的發生，才讓成霖在水龍頭外銷市場異軍突起。一九八二年左右，當他拿到單把水龍頭的樣品時，正好外貿協會準備帶領廠商赴美國芝加哥參展，成霖也報名了。

那年他三十三歲，已去過許多國家經商考察，就是不曾去過美國，把商品拿到美國展銷，是做生意的一大躍進，心情好興奮！而為了參展，歐陽明把單把水龍頭樣品印在明信片上，而且在明信片上寫著：「台灣最大的水龍頭供應商，即將來美國參展！」然後寄給當時從電話簿抄來的美國各大公司。

沒想到，這一個參展卻讓成霖官司纏身！

當時，他帶著二名主管跟隨外貿協會到美國。由於這二名主管是第一次出國，而他已曾經去過歐洲、中東考察過，員工當然得依賴與信任老闆，乾脆把護照及旅行支票、回程機票等，一併委託歐陽明代為保管，他也就把這些重要證件全放在手提箱內。

一路跟著外貿協會的參展團，或許，大家都太興奮了吧！居然，沒留意到周圍虎視眈眈的宵小，結果，最重要的手提箱竟然在芝加哥機場被竊走了。

美國，成了歐陽明人生第一次報案的地方。禍不單行，當他報完案，好不容易回到下榻的希爾頓大飯店，當時的希爾頓大飯店正在改裝，整棟飯店空空蕩蕩的，加上芝加哥治安不佳，回想起來，還是覺得心有餘悸。

當成霖三人循著房號找到房間時，大門一打開，卻發現裡面坐了七個台灣人，這是甚麼情況啊？著實被這情景又給嚇了一大跳！既驚訝又詭異！

「歐陽明先生，你有大麻煩了，我們是外貿協會的人，特地前來協助你們的！」

其中一位先生開口說了這麼一段話，卻真是讓人聽得一頭霧水。原來，因為成霖將單把手水龍頭印成明信片，結果被全球第一大水龍頭集團 Masco 控告侵權。有趣的是，當時的歐陽明都還根本沒聽過這家美國大公司呢！這一事件，連同成霖在內，共有六家台灣廠商被控侵權，而外貿協會因為是帶團者，也一併被列為被告，合計台灣有七個被告。

歐陽明被控告得莫名其妙，成霖沒有仿冒、沒有侵權行為，他決定反擊到底，卻也是他人生第一次找上律師。

台灣六家被控告的廠商中，其他五家公司都摸摸鼻子自認倒楣，只有年輕氣盛的歐陽明不信邪，硬要和 Masco 打跨國官司。

皇天不負苦心人，正義終歸還他公道

這場侵權官司整整打了二年多，為了支付律師費，歐陽明幾乎傾家蕩產，同時也不斷地閱讀英文法律條文，當時成霖的年營收才佰來多萬美元，對方卻是一家年營收數十億美元的大集團，訴訟期間，成霖的反擊，當地報紙皆以「小蝦米對抗大鯨魚」等斗大標題進行報導，成霖也因此一炮而紅，打響知名度。

這兩年多的煎熬，對歐陽明和家人的身心都是很大的折磨。歐陽明也不是銅牆鐵壁的人，據資深員工爆料：「他不是不會怕，我聽老闆娘說，他在家裡睡覺，蓋三層棉被都還蓋不暖。」但為了堅持真理，還是要挺住這個法律訴訟。

最後，皇天不負苦心人，美國法院判決成霖獲勝！

當歐陽明和美國 Masco 集團主管約在芝加哥律師事務所簽署和解書時，對方一臉不高興的樣子，還隔著長長的大桌子問他說：「你精疲力竭了嗎？」歐陽明回答他說：「是的，但我也贏了！」對方的臉色更難看了。

所謂「不打不相識」，成霖和美國 Masco 集團後來雖然沒有生意上的往來，歐陽明和 Masco 執行長最後還因緣際會成為私交甚篤的好朋友，偶爾還會相約聚會呢！

話再說回來，成霖一戰成名，因為，與美國 Masco 集團打官司，從沒有一家廠商勝訴過，但成霖卻做到了。本來當年因為台灣水龍頭供應商被控侵權的關係，美國大賣場都不敢向台灣廠商下單，這場官司勝訴後，一位曾在台灣師大念中文系的美國貿易商，對成霖力抗美國大集團的事蹟印象深刻，因此還協助促成美國最大的家用品通路 CHANNEL 與成霖的合作關係。

現今的水龍頭，已是著重美感與藝術的設計。(成霖提供)

誠信是企業的生命

打官司，讓成霖因禍得福。事後，許多同業認為，成霖當初堅持打官司，應該是一種策略性的運用。事實上，打官司並非策略，只是歐陽明認為，誠信是企業的生命，雖然成霖是一家小貿易商，但誠信很重要，同時為了進軍全球最大的水龍頭市場美國，他堅持、他一定要堅持證明，成霖沒有仿冒單把水龍頭，才決定打這場官司。

其實，從這一件事情也可以看出來，成霖今日能在水龍頭市場勝出，成為水龍頭製造大廠，就是因為歐陽明很重視誠信、重視客戶的口碑。

他怎麼做的？在歐陽明三十五歲的某天，要結束五金貿易的那一天，他主動發了一封信通知客戶們，說成霖已決定轉作水龍頭貿易了，其它建材無法再提供服務了，但成霖願意給客戶們三個月的時間，讓他們另外再找貿易商。

聽著傳真機「答、答、答……」的傳送聲音，站在窗邊，面對著黃昏的景象，他的心情卻是一片茫然，過去六、七年來的努力，全隨著「答、答、答……」的聲音不見了！累積多年的客戶，也在一個月內全都走光了！

放棄原有的貿易事業，專注於只做水龍頭產品，認清現實，清楚的切割，才有可能迎來新生。因為，堅持與重新歸零，反而讓成霖日後開創了水龍頭事業體。

詩云「問渠那得清如許？謂有源頭活水來！」有專業的基礎，才是站穩事業發展基石，才能成長茁壯。

發展關鍵性技術，轉型跨足製造產業

水龍頭貿易商跨入製造商，是成霖另一個最重要的轉型的一步。剛開始，同業都不看好成霖轉變為製造廠，很擔心成霖要搶他們的生意。有位水龍頭零件供應商就當面對他揶揄說道：「秀才耍大刀，砍不到別人，先砍到自己！」

是甚麼起心動念，會覺得必須由貿易商決定是否要設立工廠呢？

歐陽明起初因為不知道能做甚麼工作，覺得唯一能做的就是當貿易商。但是，後來越來越覺得不對。

「做貿易商的時候是一種空虛的飄浮不定、沒有容身的感覺，做業務時到別人工廠看到黑手（工人）洗手在吃飯，都覺得那是很踏實的；貿易商穿得西裝筆挺坐在辦公室，只是個仲介，都在講空的……。」歐陽明陷入回憶。

「因為你現在有一筆生意，但是不知道下一筆生意會在哪裡，貿易商比較沒辦法對工廠做掌握。量、產能、品質……，若訂單很少，當然工廠都不會理你！」

甚麼時候下決心做工廠？

「這要資金的投入，還要是我能懂得。」

「我當初要建工廠，我先選產業，一個外行人能理解的產業，像當時的對手是高林貿易，他目標顯著，他做這個賣美國，我也做這個！」

跨足水龍頭製造領域，歐陽明是很戒慎恐懼的。但，他也知道，成霖不能只有裝配技術，一定要趕快發展關鍵性技術，否則機會不再。因此，民國七十五年，成霖正式由貿易商跨足製造廠。

成霖從台北的小小辦公室要搬下來台中與工廠合資。當時，人力不足，沒有人可以代表成霖驗貨，雖說是與台中工業區的製造廠合資，還是需要有個專業的驗貨人員，這樣產品品質才客觀。歐陽明也是此時開始，一個人就先搬來台中住下來了。

慢慢地生產與業務上軌道了，需要有人手幫忙了。服務三十幾年已退休的顏副總經理回憶他當時來成霖的經過。成霖登報找人，「我是一九八六年看報紙應徵的，這時候我才加入（成霖）。那時成霖公司才九個人，我就是那第九個人，公司最菜鳥的，幹到二〇一八年，做了三十一年半。」

不願淪入低價競爭，務求品管做到最好

歐陽明對水龍頭的產品，不僅要求品質，也開始要求往高級品的製造。但即使如此，合資廠無法做出高級的產品。

「他就請我師父（成霖資深員工）去遊園路（台中大肚山附近）租兩棟透天房

子，開始做高級的水龍頭，我師父去負責。工業區這邊做普通的，遊園路做高檔的，做了一年多，高檔水龍頭生意不錯，需要更多人，我才去支援遊園路那邊。」

「後來，空間不夠用，才到喬山對面（台中清泉崗營區附近）那裡有蓋一些廠房，去租那邊，鳥不生蛋的地方，大約一九八八年的時候，在那邊做到一九九四年，很多日本公司都外移了，潭子加工區有廠房要賣，所以，一九九四年才搬到現在的地方（台中潭子加工區），工廠又變得更大了一點。」

「當初合資的廠（欣洋銅器），我們佔股六成，另一位老闆佔四成。合資的老闆去世後，他的老婆，沒有意願承接，她說她的小孩還小，歐陽董事長就把廠房資產留給她，然後我們搬出來，搬到喬山對面那裡。」

服務三十幾年的顏副總經理，從一位二十幾歲的年輕人看報紙應徵上成霖，一路跟著成霖的發展，如數家珍般的把成霖公司的搬遷與擴展，簡單的說完。

製造水龍頭從原料到鑄造、鍛造、彎管、焊接、拋光、電鍍、塑膠成型，需要大量人工，屬於金屬加工業。這種「黑手」行業，許多老師傅都把技術擺在自己的腦袋中，又有師徒制的慣例，過去的水龍頭製造廠就是太依賴老師傅，由於老師傅書讀的不多，無法開發新技術，最後只能走向低價市場。

「一條線」鐵律

之前的歷練讓歐陽明看到商機，想盡辦法把老師傅腦袋裡的技術寫下來，讓它變成一套標準化的 SOP 製作流程，工廠就不用受制於老師傅了，而且，工廠規模要做大，一定要掌握關鍵性技術。

顏副總回憶說道：「當初，我才來沒幾年，董事長有一次跟我說，他說生意就像一條線；從原料到消費者，中間呢？從貿易商、進口商、出口商；原料的部分，就是三次加工、二次加工、一次加工；你賣去給進口商就又是有大盤商、中盤商、小盤商，最後才到消費者。如果我們在這一條線上，站得越寬，對我們公司來講就越安全。他是這樣的想法的。」

「事實上從我們公司的發展，就大概順著這樣，一步、一步、他也不著急，這樣就是我們公司現在的樣子了。」

這「一條線，歐陽氏鐵律」就成為日後成霖員工之間朗朗上口的企業發展準則。不過，成霖初跨足水龍頭製造領域時，就遇到缺工問題。因為水龍頭必須在高溫、沒有冷氣下的工作環境，工人留不住，怎麼辦呢？最後迫使成霖轉進大陸設廠，聘請當地工程師，把老師傅的技術寫成可以技術傳承的 SOP，解決缺工問題。

顏副總表示：「我們是一九九〇年到大陸投資，這也是我覺得老闆蠻有膽識的，當時的大陸很落後。」

「我們決定去大陸設廠，是我師父先去。因為那時候我剛結婚，我師父大我八歲，他小孩比較大了，我沒有意願要去，他有意願要去。」

「一九九〇年去大陸後，我們租了一個標準廠房，地點在深圳寶安。那時候大概從十五個人開始，就投入一點資金，從台灣運零件過去組裝，再慢慢的生產，就順著他的路。」

「台灣大概都是三次加工業，所以我們當初在台灣也是裝配，可能有一點點加工，水龍頭有很多製程、很多專業，塑膠射出、電鍍等等。」

「去大陸你也沒有專業啊！都是下游廠商啊！大概從二〇〇〇年去，就發現說那邊是可以做的，那時候人好請、人又乖、又聰明，就決定投入。」

「老闆交代要垂直整合，就是從三次加工業進到二次加工業，順著往前推。原料沒有做而已，其他製程都是自己做。所以，從組裝開始，再加工、鑄造、鍛造、要拋光、電鍍、要塑膠射出等等，很複雜。」製造的過程，一個步驟、一個步驟地展開……。

「慢慢把那邊弄起來了，我就負責台灣的工廠、供應商、垂直整合的，也看怎麼把這邊的東西帶過去做，那他那邊就負責把人給帶起來。老闆完全放心，他只說要錢跟他說就好。」

這是小隊前進登陸作戰的模式，有一份志在必得的決心，加上背後長官的信任。更多的，是上下之間充分耐心的溝通。

「我們大概花了十年的時間，才把這些垂直整合。」

「那樣有什麼好處？當你製程有了，競爭者都在台灣，相對地跟他們比我們就強很多了。」

「那時候，講起來還很有成就感呢！」顏副總笑容滿面的聊起當年的過往，沒有看到任何的辛酸抱怨，時間流轉，勤奮的青年已變成白髮夾雜的退休人士了。

幹部轉進中國發展，經營理念始終堅持

台灣幹部去開拓大陸的產能，秉持著老闆的信任與負責任的衝勁。歐陽明用簡明的發展策略與管理理論「一條線，歐陽氏鐵律」，讓三十幾年前的年經人顏國基守著這個原則，跟著董事長打拼，從業務員、品管員、廠長到變成成霖集團的營運長、副總經理，於二〇一八年退休。

一九九二年，民國八十一年，成霖轉投資成立深圳成霖潔具公司，運用當地低成本的人力資源，垂直整合水龍頭的所有製程。但是，一開始也面臨缺乏零組件供應的問題，成霖被迫在當地跨入零組件生產，自行建構上、下游供應鏈。因為這個重大轉折，反而讓成霖掌握了水龍頭的關鍵生產技術，逾九十五％的水龍頭零組件都可以自己製造。

值得一提的，成霖花了十三年的時間，建立台中總部與深圳綿密的價值鏈，大幅提升研發量產效率，開發時程卻大幅縮減一半。例如，成霖把新產品的研發流程分為四大階段，在接獲客戶的需求後，台中總部負責第一階段的創意設計圖，而大陸廠近二百位工程師研發團隊，負責後面三階段的研發，將創意設計圖修改成工程設計圖，並且導入試做，再交由工廠進行量產。

過去，成霖從開發水龍頭到新品上市，平均要花上八十天，現在不用，四十天就可以完成了。

1.內文《塞下曲》：月黑雁飛高，單于夜遁逃。欲將輕騎逐，大雪滿弓刀。作者為大唐十才子之一的盧綸（字允言，生於西元七四八年，卒年不詳）。本首詩的語意是：

在沒有月亮的夜晚，大地一片昏暗。突然間，雁群似乎受到驚嚇，紛紛高高飛起。原來是敵人的首領要趁著黑夜帶領部下逃跑。將軍準備率領騎兵去追趕他們，但是軍士們的身上、馬上，連弓箭和槍上，都已經覆蓋一層厚厚的雪花了。

這首塞下曲是一組四首中的第三首，著重在描寫戰士英勇捍衛國土的情景。第一、二句形容敵人落荒而逃的狼狽；三、四句是藉著酷寒惡劣的氣候，表現出軍士們乘勝追擊，求取全面勝利的決心與勇氣。筆墨不多，卻鮮明地烘托出將士激昂奮發的英雄氣概，足見手法的高明。詩中雖然沒有提到戰爭場面，但從「單于夜遁逃」的狼狽模樣，便可看出將士們奮勇作戰的情形。而「大雪滿弓刀」一句，則說明了邊關將士的辛苦，更見其英勇衛國的精神。你也發現將士們的決心了嗎？

這是個不知結果，將會是徒勞卻還鼓起勇氣去做的故事。歐陽明在自已的著作《曾經的年代》為這首詩做了表白：「在大雪夜一心要追單于的漢將，雖然雪已堆滿了弓刀，他仍然追上荒原，明知結果是徒勞卻基於職責而奮鬥不懈。」

2.內文參用於二〇〇六年工商時報刊登名為【歐陽明的履歷表】系列專欄，為歐陽明之自述。

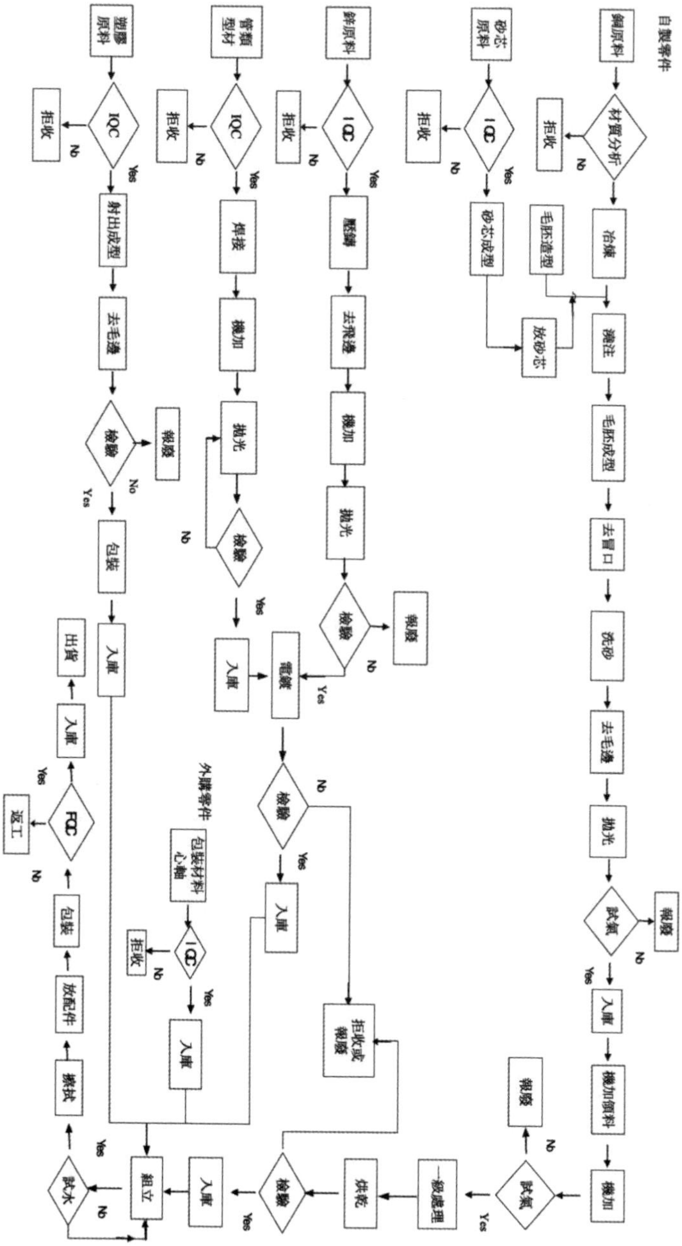

工藝流程－陶瓷面盆馬桶製程（成霖提供）

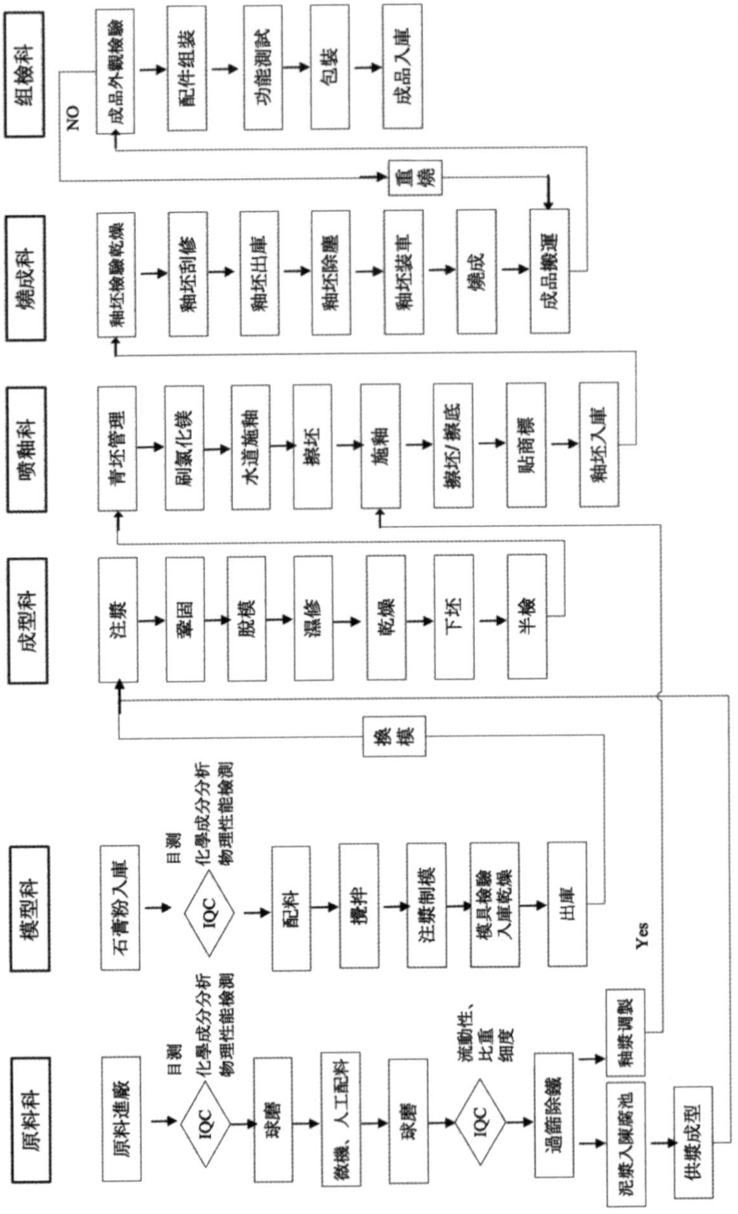

工藝流程－陶瓷面盆馬桶製程（成霖提供）

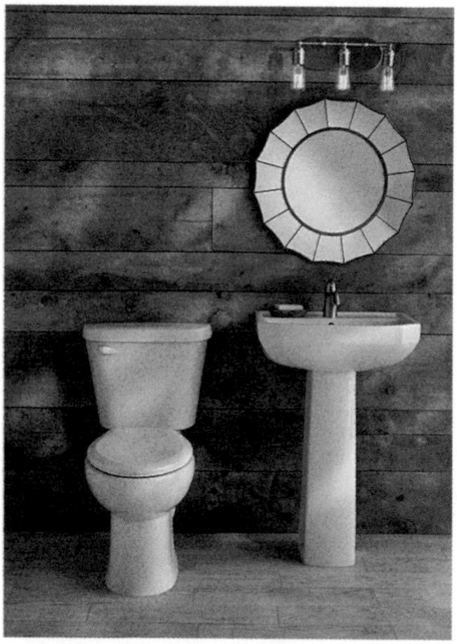

浴廁產品示意圖。(成霖提供)

衛浴水龍頭。(成霖提供)

參

人本思想的企業文化

「上善若水，水善利萬物而不爭，處眾人之所惡，故幾為道。」

—出自《道德經 ・ 第八章》／老子（約 BC.570 ～ BC.470）

一個人代表一滴好水——聯合全球，成爲甘霖！

歐陽明就讀省立基隆初中，而基隆是個雨都，每逢冬季就下雨，操場一片泥濘。但春天來臨時，操場又呈現一片綠油油，當他去踩著這片綠色草坪上，回頭卻看不到任何被踩過的痕跡，操場依然綠意盎然。那時候，他就感受到，人真的很渺小，大家應該追求整體力量，而非個人名利。

有人總愛問他，公司取名為「成霖」，是否曾找高人指點？

「沒有。」

其實，成霖的中文意涵，就是「成為甘霖」。每個人都是一顆小水珠，只要發揮它，成為甘霖，就可達到滋潤萬物的功效。就像當年他在學校教室裡，望向窗外，小雨落下，滋潤大地，小草欣欣向榮……。

企業也是一樣，只要透過正面的競爭機制，創造附加價值，對社會自然產生貢獻，這樣的企業才有存在的價值。如果一個人代表一滴好水，成霖目前在全球已有一萬名員工、代表有一萬個家庭好水。

成霖的英文名字「GLOBAL UNION」，過去，每當有人好奇問起，歐陽明把它解釋為「聯合全球，成為甘霖！」。

現在，他又進一步把它詮釋為「全球成霖人，聯合成為甘霖！」

在企業內建立這樣的共識，員工會將這種觀念帶回自己的家庭，甚至影響周邊的親朋好友，形成一股更強大的社會正面力量，導引整個社會向上提升。

一旦員工有了這樣的體認，他們追求的目標，不再只是汲汲營營於名利，而是對世界、對人類是否有貢獻，內心世界自然可處於平衡狀態，不會為了物質報酬而有所失落。只要與內部員工開會，歐陽明總是不厭其煩的傳達這樣的價值觀，希望員工身體力行、推己及人。

另一方面，大陸雖然和台灣屬於同文同種，但溝通卻沒有想像中簡單。剛開始設廠時，成霖就決定大陸廠也要採取人性化管理，大陸員工與台灣員工同樣享有福利制度。不料，沒多久就接到一封「密函」，警告成霖，有一家港商採取人性化管理失敗，現在又改回軍事化管理，要成霖與其他台資、港資企業一樣，也採取軍事化管理，千萬「不要破壞行規」。

堅持走自己的路，不分彼此的人性化管理

接到這封密函讓歐陽明很頭痛。他在思考：在台灣也有工廠，如何在台灣實行一套制度，在大陸又實行另一套制度呢？他詢問大陸廠當時的副總經理齊瑞樑的意見。結果他們兩個人都認為，工廠不應該有兩套管理制度，而且員工是夥伴關係，不能因為擔心員工會偷竊，下班就進行搜身。

最後他們仍然堅持「走成霖自己的路」，採取人性化管理大陸廠。事實也證明，人性化管理是正確的選擇，如今深圳成霖潔具由當年一九八九年的十一人，成長到二〇〇〇年全球有四千人，二〇〇四年五月通過上海A股掛牌審查。

這裡要特別一提的是，在成霖創業的過程中，有一群支持歐陽明的員工及經營團隊。因為有他們的存在，才是他能堅持理念、勇往直前的去衝。

歐陽明怎樣管理員工、對待員工的？

「他是屬於一個……有S型管理方式1。他比較屬於講人情的，他不現實。幹到退休，我自己也是這樣。打個比方，年終獎金老闆說要加，我認為不要加，但，我也是一個員工，怎麼可能不加；我再講一個例子，到二〇〇三年我們這邊（台灣）還有工廠，我花十年把大陸整個垂直整合做完，做完之後，台灣這邊要清倉，有一天，我算一算，跟他說我們現在從大陸運零件過來要錢，進來後，要工、也要錢，我說台灣不要做了，全部移到大陸，這樣賺差一億元。我算給他聽，他很不高興。他說，『我了解你的說法。』他說，『這些都是汗馬功勞的。你應該這樣做，你應該去找一家做內銷的工廠，把這些人轉移到那邊去。你再把這邊關起來，那我沒意見。』他是這樣的人，所以我們才去買了一家做RO的安德成公司，做水機的，把員工轉過去，而且年資也延續的轉過去，我們也做了很多年，後來實在做不起來，沒辦法才關掉，算是仁至義盡，我們老闆，他是這樣對待員工的。」顏副總回顧起，歐陽明對待員工都是以仁厚、以人為本的管理模式，而不是處處在算計人事成本的利潤優先法。

讓歐陽明印象最深刻的是，民國八十多年，當時台灣經濟蓬勃發展，股市、房市雙雙大漲，「大家樂」風行，投資股市、房市賺錢很容易，造成企業求才不易。

當時成霖的經營理念有三關懷：「關懷客戶、關懷成員、關懷社會」。雖然他很重視產品品質及交貨時程，但當時處於事求人的時代，社會上員工普遍不願意加班，他也不敢過度要求員工，深怕因此留不住人；另一方面，他又很擔心品質不穩定，影響客戶權益，同時違背成霖的經營理念，真是兩難呀！

勞資雙贏的互動，企業茁壯的關鍵

成霖在股票上市以後，每年的經營都是必須要有成長的，財報是要對投資人交代的。如果生產線不移到大陸去，營業規模是沒辦法擴大，營業額不能成長的。所以，台灣廠這邊就得結束生產線，而轉移到大陸去。

戴顧問對那個時候，印象最深刻。

「隔壁的三井企業（潭子加工出口區內）也在結束台灣工廠，員工鬧很大，員工舉白布條，罷工遊行抗議，整整鬧了兩個月，這樣氣氛下，成霖這邊也要把工廠關掉，我是負責去規劃這些員工的資遣規劃。印象很深刻，那就是我去上到講台去跟員工說，這一次結束後，員工的資遣費要怎麼發的時候，結果我講不到一分鐘，底下員工就說：『戴副總你不用說了，我想說公司絕對不會虧待我們，你就照公司決定方式去做。』」

「然後，他們就開始討論畢業旅行，討論要環島畢業旅行的事情。」

「這個地方讓我感受，這對照起來非常的明顯，歐陽先生在過去一段時間和這些員工互動方面，讓員工很相信公司要到大陸是趨勢，不是說公司很勢利。所以，員工也不會很抱怨，相信公司會很厚道的安排。過去董事長和員工的這個互動，讓他們產生信任感。要遷移到大陸的時候，是在民國八十八年上市之前就談到這個事情，那時候就跟員工講說我們一定會結束台灣到大陸去，你們要有心理準備。」

「那時候第一個工作，就是找協力廠商或者同業，或者認識的製造業，有沒有需要員工的，盡量搜尋資訊給我們的員工，讓他們可以去挑，有機會的就提早把那個資遣費給他們轉過去。同時，還做一些在職的訓練，讓他們有去應徵工作的能力，甚至到外面有一家很有名的那個餐廳，接洽看可不可以員工也可以去那邊有就業的機會，到最後一個方式，就是那個逆滲透的這個產品在台灣還能夠生存，買下安德成公司，讓員工可以轉移過去。所以，員工最後感覺到公司實在是非常的善意安排他們的出路。」

「所以，資遣員工的過程，讓我非常感動，我上去講不到一分鐘。」

成霖的兩位退休副總在回憶到，台灣製造產業面臨到轉移海外設廠的人事安排。成霖的善意，員工的諒解，勞資雙方的互動與雙贏，這種企業文化，也是讓成霖可以茁壯的因素。

公開透明，善待員工

產能既然能夠轉移到大陸去，那麼歐陽先生對大陸員工又當如何呢？

「其實也是一樣。」戴顧問舉例提到他代表台灣成霖去大陸協商談判處理深圳上市公司的調整。當初得面臨到要將成潔廠賣掉，要安置員工到成實廠。

「大陸有成潔廠和成實廠，其實，在賣殼（深圳成霖潔具）之前，成潔廠員工都已經陸續移到成實廠去了。但是，轉移的過程中，員工有年資的問題，我在談判時有預留七仟萬人民幣的錢留下來要安置員工。但是，處理步驟的這些原因，這個事情還沒有完成，如果讓員工先知道，他們會有預期，如果沒有成功的話，會很麻煩。這些事的安排，包括大陸幹部他們都不知道，所以，那時大陸員工就有罷工的事情。」

「那個罷工鬧了三、四天，蠻嚴重的。後來，歐陽先生去的時候，他親自過去把問題壓下來。」

「他就出面跟幾個大陸幹部講這些過程，大家過去的經歷，還有未來的方向，都讓他們知道。對員工的結算，也比較具體的跟他們說明怎麼做。」

「所以，他是一個為人很公開透明的方式，得到大家信任。他很捨得給，也所以說，那麼多老外能夠很信服他。」

戴顧問聊到成霖發放年終獎金的小故事。

「成霖員工的年終獎金，都是我和 David（顏副總）兩個人去規劃怎麼發會比較恰當，照道理，我和 David 是員工對不對，老闆獎金發越多應該越高興，結果我們都擔任殺手的角色。因為，我們都用經營的狀況，決定獎金的額度，但，送到老闆那邊以後，就一直加，這邊可以加，那邊加超多的。甚至，董事長說他不用發，結果那個老闆娘在過年初二還是初三打電話說，你們怎麼都沒有給老闆年終獎金啊！哈！哈！」

顏副總也對發年終獎金充滿深刻的回憶。「董事長除了很授權之外，另外一個我看在心裡的佩服，這個我經常跟人家講，你相信嗎？有一年過年，老闆娘跟我要年終獎金。我們那時候還沒有上市，是小公司，他公私分明，公司跟他私人是切得清清楚楚，所以，他們是靠薪水過日子的，雖然（公司）都是他的，也沒有別人啊！你說這個你要去哪裡找，對我這個員工來講，去哪裡找一個老闆像這樣的。」

企業主公平正派，員工打從心底佩服

「以前公司很小，老闆做貿易都面對客戶，老闆對工廠都很放心交給我們，每年要發年終獎金時，那時候人不多，員工不到一百個人。那時候預算出來，我就跟老闆說，今年大概多少，那時每年都這樣，我把預算做出來，他幾乎每年都說不夠，他都要再加，減都是我減。因為，我害怕，今年好，明年不一定會好，人都是這樣，你今年給一百，明年給九十，他會不高興。所以，我寧願今年給九十，明年如果業績不好，我給九十五，那他們會比較高興。」

「幾次以後，就有一個共識。那一年，剛好他要去英國，我跟他喬好以後，他跟我說他的不用發，結果，老闆娘就來找我說，『我也要過年啊！我這樣才多少錢，我怎麼過年？』後來，就照制度算給他了。」

「重點不是這些故事，而是老闆，他是這樣正直、正派。」顏副總這樣講他的老闆—歐陽明董事長。

「我可以憑良心講，就是董事長和他太太絕對沒有從公司私下拿過一毛錢。」戴顧問這樣講他的老闆－歐陽明董事長。雖然，他們是公司的創辦人，是公司的董事長，公司的營運還是得按部就班的公私分明。歐陽明的真誠待人，是不分國籍的，不分客戶、廠商或員工的。真誠以待，凡事也會真誠回報。

有一天晚上，歐陽明邀集了二十多個主管到茶藝館聚會，共商如何堅持成霖的經營理念，他也把自己的擔憂說出來。不料，有一位主管就說：「員工流失沒關係，我們自己下去做！」他回答說：「可是，員工都已經工作超過十小時了！」，此時又有一個主管跳起來說：「沒關係，我們可以工作十二個小時！」，聽得讓歐陽明好是感動！

透明人本，溫柔的心，鋼鐵般的信念，造就出成霖的鐵粉。

也就在那天晚上，他們又訂出成霖的三堅持：「堅持品質優先、堅持創新發展、堅持實在做事」

因為，貫徹三關懷、三堅持，成就了今日的成霖集團。

尊重專業——企管顧問公司的輔導

成霖在文化方面的轉變，也是一件從創業到壯大的重要里程碑。當成霖還是一家只有十個員工的小工廠時，成霖願意一天花七仟元，聘請專業管理顧問公司，從頭開始架構公司的組織及部門。

當成霖營收還未達八億元時，又開始未雨綢繆、考慮建立長期的管理系統。

好學的歐陽明常把握工作空檔多看管理相關的書籍外，也會參加外部的管理講座或課程等。一九九七年左右，在某次管理顧問公司的講座上聽到有關於品質管理制度，他覺得這個全方位品質管理的架構，是對成霖有幫助的。他想，現在的情況、現在的規模，若引進使用，成長一倍、成長十倍，都還可以運用，小企業到大企業都可以運用。所以，他就主動聘請這家管理顧問公司來為成霖導入全方位品質控管系統（TQM），透過這套控管系統，將台灣與大陸廠區的生產流程標準化，提高生產效率。

台正管理顧問公司就這樣以每天一萬五仟元的顧問費開始進駐成霖。當時台正的顧問團中，後來又被延攬為成霖的員工，戴元鑑顧問聊到這段時，提到歐陽明的坦率與誠意。

當初歐陽明找台正報價為成霖做全方位品質控管系統（TQM），歐陽明當場就同意報價，連做個議價或殺價都沒，讓台正的顧問們反而變得不好意思，所以，就說，「那我們送你們一個上市的輔導，不加價。」結果，那天晚上，歐陽明還特地招集重要幹部開了一個晚上的會議討論。隔天早上打電話給戴元鑑回復：「我們開會說到，我們靜靜的賺就好，幹嘛去上市。」

「我說，人家的企業隨便一個上市輔導案沒有一仟萬也要八佰萬的，送給你們，你們竟然不要。我找個時間跟你這些重要幹部見面溝通，當然你們這是一個方向，就是靜靜賺四仟萬就好，你們大家分也不錯，但是你們既然找我們輔導TQM，就表示說你們覺得未來會增長個五倍、十倍的，你們輔導的方案就是希望公司壯大，壯大後你們每年又很肯分，但壯大後公司的資本來源怎麼辦？如果上市，上市後就可以募集資金來協助啊！」

「他們聽聽後，覺得認同。」這也就是後來台正管理顧問公司從一九九七年開始協助成霖到一九九九年成霖股票上市。成霖第一次在經營上做出突破性的發展，就是靠（TQM）真正上手的時候，全公司都感覺公司的氛圍不同了，大家用溝通來把事情做好，從以前人性化管理，跳到一個有管理、有目標的組織，跳脫出小企業的思維，大家都很積極與投入，不斷地調整與改善整體的企業管理，完整的將（TQM）作為落實成霖集團的管理基礎。

成霖的成長，就這樣歷經二十多年的轉變後，成霖的水龍頭主要市場在北美，生產基地在大陸，台灣只做簡單的裝配。

歐陽明卻也發現，成霖在台灣的總部有「空」了的感覺，這也讓他警覺到，企業總部應該發揮功能，才能邁向全球化，讓地方諸侯、也就是各地分公司有所遵循，總部人才才能繼續發展，因此，集團決定進行組織再造。

成霖把外銷業務部門的部分員工，轉做市場情報分析、隨時上網搜尋資料；部分員工轉任客戶管理、產品壽命管理，做銷售預測，例如產品賣多少，提出補貨、庫存計算等等。剛開始進行組織變革時，不僅員工們不適應，就連歐陽明自己也感到恐慌。

有一句話讓歐陽明印象深刻：「空出雙手，才能真正拿到東西。」所以他明瞭，建立總部功能，得先經過一段陣痛期。就在苦思要如何讓成霖能夠有個完整架構、有個永續發展的藍圖，讓成霖順利的組織再造、讓成霖邁向全球化的集團。

二〇〇二年，成霖聘請國際知名的麥肯錫公司（McKinsey & Company）當顧問，建構全球化的企業總部，讓全球各地的分公司，資源得以共享。

麥肯錫公司是一所由芝加哥大學會計系教授詹姆斯．麥肯錫在一九二六年創立於芝加哥的管理諮詢公司，營運重點是為企業或政府的高層幹部獻策、針對龐雜的經營問題給予適當的解決方案，有「顧問界的高盛」之稱。麥肯錫的諮詢服務如今已擴展到全世界各大企業。《科學》雜誌倫敦記者戲稱：「如果上帝決定要重新創造世界，祂會聘請麥肯錫。」《財星》雜誌二〇一四年「企管碩士最嚮往企業」調查，麥肯錫僅次於Google高居第二名。

歐陽明會想聘請國外第一頂尖的管理顧問公司來輔導，還有一個原因，成霖要走向國際化，對於外國企業的管理、企業文化和法令規範等等。以員工素質狀態與溝通協調上的考量，總像是隔靴搔癢，又會擔心不能適應外國工會和商會的規範而衍生大問題，所以，以麥肯錫的輔導經驗來說，是可以對成霖現階段到擴展成全球化集團的規劃都可以適用的，應該是可以給成霖一個明確架構與發展步驟。當時麥肯錫總經理說，成霖是他們所接到的案子中，營業規模最小的企業，但參與改造過程中，成霖卻是帶給他們最大成就感的企業。而就在麥肯錫的規劃下，台灣總部具有全球化產銷功能，以台灣為營運中心，集團旗下設有研發部門、配銷中心、生產工廠、行銷部門等，研發與供應鏈全設在台灣，完整的組織架構，支持成霖邁向全球化。對成霖而言，台灣已成為掌握全球脈動的樞紐。

---

1. 內文「S型管理」是基於「自在人」（self-free man）假設的管理模式。企業如何利用最合適的載體對企業的知識資源進行有效管理，以確保知識傳遞的適時性、及時性、正確性和決策輔助性，是S型管理的一個重要主張。S型管理模式尊崇自在人假設，即認為人性的有「張」有「弛」、兼「收」並「放」，對於企業知識資源尤其是知識型員工的管理即不能拘泥於傳統的固定模式壓抑人的自在本性，又不能過度放任自由使人的自在本性逾越理性、法律、道德、民主的疆域。（資料來源：https://bkso.baidu.com/item/S%E5%9E%8B%E7%AE%A1%E7%90%86）

成霖高階主管匯集全球菁英之團隊，拍攝於 2010 年 1 月 (成霖提供)。

2021 組織架構 –經理人CEO 執行長 Todd Talbot

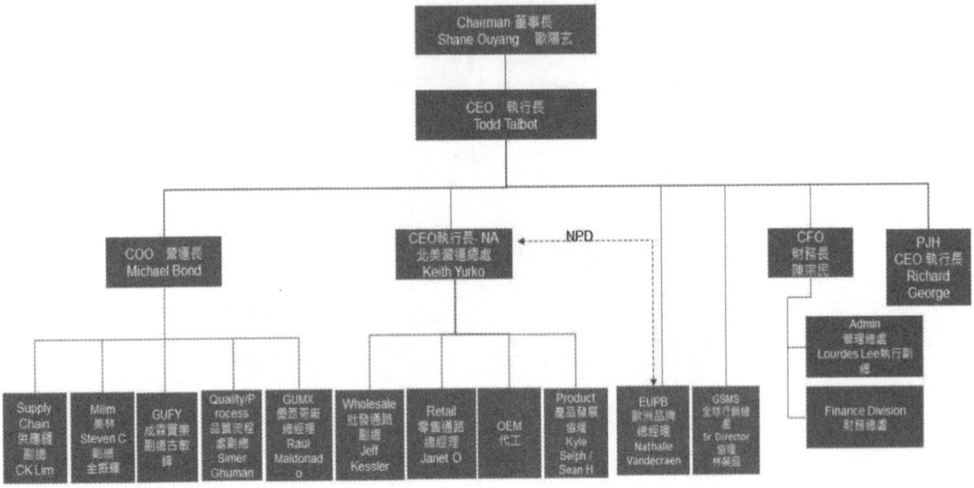

肆

策略藍圖——併購 VS. 定位

企業家總是尋找變化，對此做出反應，並將其作為機會加以利用。
The entrepreneur always searches for change, responds to it, and exploits it as an opportunity.

一彼得 · 杜拉克（Peter F. Drucker）／現代管理學之父

企業併購的運作與智慧

若從網路搜尋成霖歐陽明的介紹，可以從報章雜誌中發現，歐陽明除了「水龍頭大王」的封號外，還有一個「併購王」的封號。歐陽明的好友，喬山健康科技董事長羅崑泉還笑稱他的併購術像是「買果園」。而就是這「買果園」的併購術，卻是歐陽明的策略地圖、是全球化的產業藍圖。

在企業管理學上，所謂的併購，是指合併與收購（Mergers and Acquisitions，M&A）指不使用創建子公司或者合資公司的方式，通過購買、售賣、拆分以及合併不同公司或者類似的實體，以幫助企業在其領域、行業或者產地等方面快速成長。併購可說是策略管理中很重要的一門學問。

併購活動的主要目的或動機包括：

1.規模經濟：合併後的公司通常能藉由減少功能重複的部門，或調整營運方式來降低公司的固定成本支出，以提高利潤。

2.增加營業額或市場佔有率：假設買家會合併一個主要的競爭對手，以增加其市場佔有率和定價權。

3.交叉銷售：比如一家銀行購買了一家券商，那麼銀行能通過券商的渠道銷售其產品，並且券商能為銀行客戶設立股票賬戶。另外比如一家製造商通過併購之後去銷售其互補品。

4.協同效應：比如增加管理的專業性，增加訂單量以拿到更多批發折扣等。

5.稅收：一家盈利的公司可通過購買一家虧損的企業，以利用其虧損來獲得減稅的優勢。但，相對的在美國以及其他一些國家，是有規定來限制盈利的公司通過這種方式來避稅。

6.多樣化：通過多樣化的方式來平滑公司的業績，長期使得公司股價變得平滑。給予保守投資者以投資信心。但是這種動機並不一定給股東創造價值。

7.資源轉移：通過資源在公司間的分配以及收購公司和目標公司之間資源的轉移，來克服信息不對稱和結合稀缺資源來創造價值。

8.縱向整合：更緊密的供應鏈的垂直整合，使得產品在生產與銷售上更具競爭力，能夠使產品以更低的市價進行銷售，進而增加市占率與利潤。

9.招聘：一些企業通過併購來作為招聘的一種方式，特別是當目標公司是一家小的私人企業，或者正處於創業階段。收購公司通過併購目標公司的員工以獲得其資產和客戶資源。

10.集中下單：兩個不同採購組織進行相同的採購時，集中下單以提高議價能力，藉以取得更低成本的原物料。[1]

以上是學理上對併購的目的或功能所做的說明，併購具有多重實用的價值，當然，實務操作上，是否就能完全達到當初併購的目標，這就如人飲水，冷暖自知了。

扎實做好基本功課，併購策略屢次建功

歐陽明能被稱為「併購王」，應該就是他的併購策略是可以被稱許的、被認定

併購成功的。

「從原本以產銷水龍頭為主的成霖，四處出擊，以購併為手段快速擴張，二〇〇三年購併了擁有八十年歷史的美國衛浴品牌大廠Gerber，以及大陸國營企業美林窯業，二〇〇四年購併了有七十幾年歷史的德國衛浴配件大廠Lenz；二〇〇六年完成頂級衛廚通路麗舍生活國際，以及淨水器通路商安德成科技的購併案；二〇〇七年併購英國廚衛知名品牌通路商PJH等等。」

「跨國併購，對普遍國際化不足的台灣企業來說，是一項很高門檻的擴張模式，知名的失敗案例，明碁購併西門子行動電話部門，一年虧損新台幣三五〇億元的殷鑑不遠。但歐陽明說，跨國併購，只要訂定一套標準評估流程，事前做好評估與準備，配合精準的執行力，其實並沒有想像中困難。」成霖在規模還小的時候，就致力於行銷、製造、研發，甚至併購等各環節的流程化。

「流程管理是我們的DNA」，歐陽明指出。當時很多人都笑他傻，然而正因為有這樣紮馬步的工夫，讓成霖在進行國際併購時，與國際接軌的速度加快許多。

歐陽明笑說：「外面的人總認為我們是外銷廠商，但其實我們是把整個北美當作是我們的內銷市場，我們從一九八一年就開始經營美國市場，『國際化』早就根植在成霖的企業文化當中。」在國際間，思科是以併購迅速壯大的最佳典範，從一間車庫裡創業的小公司，只花了短短十六年，就一度成為全球市值最大的企業，靠的正是不斷收購公司。思科使用的策略就是「併購流程標準化」以及「員工分享參與」，讓來自不同背景的人馬，都能融入思科的企業文化中。

歐陽明口中說「只要訂定一套標準評估流程，其實並沒有想像中困難。」，成霖究竟是怎樣做好併購的呢？

成霖的併購方略，就頗有思科的味道。在歐陽明的藍圖中，以水龍頭為本，衛浴產業和廚房產業作為集團未來發展的骨架，而缺哪一塊，就透過併購的方式補齊，要併進來哪家公司、併進來之後要如何與原有產品整合，以發揮綜效，全都有一套嚴謹的作業機制。

成霖的併購流程，分為 MA1、MA2、MA3 三個階段，當有人提案後，整個併購流程就開始啟動。

在MA1階段，歐陽明認為，應廣開言路，不該有太多限制，因此通過的標準相當寬鬆，只要董事長或相關領域副總級以上的主管，其中一人同意，在這個階段就算通過。待進入MA2階段，就必須要有一些對方的基本資料和簡單的財務試算分析，必須董事長和相關領域的副總級幹部都投票通過，才能再進入下一階段。

在MA3中，成員包含財務、業務、製造等主管的併購委員會便正式成立，到了這個階段，就必須取得對方合作，進行實地查核，還聘請環保、律師、會計師、人力資源等外部顧問提供專業意見，而併購委員會採取共識決，須要三分之二以上通過，才算過關。

歐陽明指出，在併購案中，財報、產能等標準化的數據容易掌握，但對於商譽、員工忠誠度、供應商反應等非標準化的事項，就不易估算，卻往往是成敗的關鍵，這些都要算進併購成本當中，而非只看表面的數據。

「因為我們小，所以得更加謹慎。」甚至，有一個案子，原本是計畫併購一家英國的通路商，案子已經進行到MA3，外部專家都已經結案，大筆的錢都已經花了，但因為委員會成員有人心裡覺得毛毛的，主張在合約中附加很多限制條款，對方不同意，最後案子還是告吹了。

併購老品牌頻吃苦，經營型態大幅轉身

併購流程化讓成霖便於檢討，從策略、評估到整合，讓管理階層迅速找到缺失，加以改正。

在成霖以往所做的併購案中，規模最大、也最辛苦的，就是併購Gerber這家美國老牌衛浴設備廠，經過三年的摸索與整頓，歷經每年虧損一、二億元的痛苦，終於轉虧為盈。**2**

二〇〇三年，成霖以一仟二佰萬美元併購了美國陶瓷批發大廠Gerber的百分之八十的股權，應該是成霖由水龍頭及配件為主要產品的經營型態，轉型為經營整體衛浴產品，進而跨入美國建材五金批發市場的關鍵。

Gerber品牌在美國已有八十年歷史了，年營收約一億美元，雖在當地擁有一千三百多家建材五金批發通路，只不過，由於美國的生產成本節節高升，加上沒有新產品推出，導致每年虧損約八佰萬美元，惟恐資產遭到處分，才釋出股權給成

霖，讓成霖得以用低廉的價格取得其品牌與通路。

併購美國 Gerber 廠之後，成霖打消了原本想赴越南設廠的計畫，決定運用現成的品牌與通路，搭配成霖自創的 Danze 品牌，以雙品牌策略打進美國零售市場。試想，Gerber 在美國生產一件水龍頭產品，成本平均要二十八美元，但若轉往大陸廠生產，成本只要二十、二十一美元，毛利率還有百分之二十四，美國品牌、亞洲生產，正是併購的核心價值。因此，成霖入主 Gerber 廠半年左右，就已陸續關掉兩座陶瓷廠及水龍頭廠，只保留一座年產能約七十五萬件的陶瓷廠，維持 Gerber 仍在美國本土繼續生產的品牌形象。Gerber 廠在二〇〇五年第四季已經損益兩平了，隨著新產品不斷上市，接著終於出現獲利。這家老廠經過成霖的補強，老招牌就這樣被成霖重新擦亮了！

當中國市場的快速成長，歐陽明除了看到人力市場的充沛，早在一九九〇年就去大陸設廠生產水龍頭。他也看到崛起的中國，人民生活水準會提昇，對衛浴產品的要求，也會有更廣大的內部需求市場。所以，成霖除了在一九九三年在中國大陸推出的自創品牌 GOBO，主要生產中低價位的衛浴產品，產品包括水龍頭、衛

2016 年 10 月 高階主管團隊合影。(成霖提供)

浴陶瓷、電子水龍頭、浴缸及花灑系統等；但，若是成霖本身也可以切入與整合中國廚衛浴的零售行銷，對成霖集團的全球化，板塊就會更加完整。

二〇〇六年併購麗舍，原是個重要的關鍵與布局，雖然在十三年後，成霖在二〇一九年出售麗舍的所有股份。

歐陽明說：「在廚具領域，我們是新手，透過購併麗舍，讓我們有迅速取得學習的機會。」

麗舍生活是台灣知名代理及銷售精品廚衛產品的產業龍頭，主要在台灣國內有直營與經銷共三十幾個展銷據點。

當時併購麗舍的主要目的，是規劃藉由麗舍的台灣代理品牌與零售通路的專業，攜手擴展中國市場，搶食北京、上海等大都市潛力十足的金字塔頂端市場。

為何卻在二〇一九年出售麗舍的所有股份？

曾經掛名麗舍董事長的顏副總有點自責提到，「零售通路得直接面對最難搞的客戶，要怎麼面對？要怎麼處理？對做整批出口的我們，真的太難了。真正嚴格講，我們是吃大碗飯的啦！台灣市場太小了。」

這是一段非常有價值的學習體驗的歷程。

所以，成霖在二〇一八年組織重整的時候，重新畫分整合各事業群，在經營團隊仔細評估過後，認為麗舍的經營模式和集團目前的營運重心無法整合為一。基於整體營運策略考量，成霖董事會決議出售麗舍生活國際股份有限公司股權，股權由奇點億家接手，處分利益有九佰七十多萬元。

運用併購的管理策略，對企業經營是否加分或減分，其實，不是馬上立竿見影的策略，是要打長期戰的。尤其對併購進來的公司，人才的去留與文化的整合，更是不能在營業績效上去用數字來評定成功與否。歐陽明懂得這方面的考量，大膽聘用外國人來擔任集團的執行長，除了邁向集團的全球化，或許也是思考到對併購進來的公司的整合管理與企業文化的融合吧！

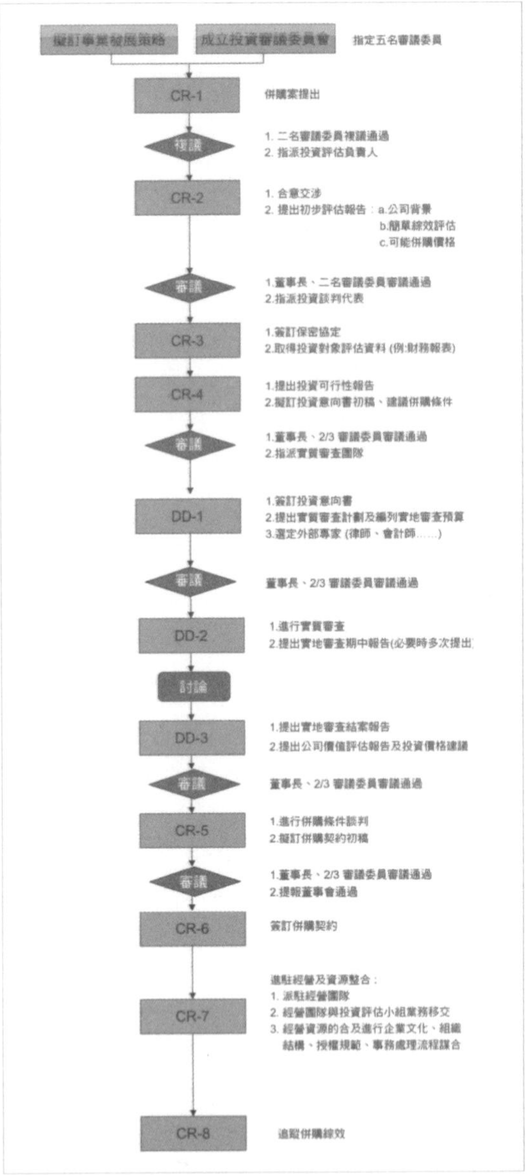

圖一：成霖的併購作業流程 (引用會計研究月刊 no.2004.229.44 鄭惠之)

由於多次的併購經驗，成霖內部發展出了一套作業流程（圖一），在作業流程中，為了避免發生浮濫投資的現象，特別成立了「投資審議委員會」，指定五名審議委員，各項併購案必須經過委員審議後，提報董事會通過，才可以投資。

作業流程的第一個步驟「**CR-1**」，即併購案提出，由於提案的來源多元，可能是自己主動尋找，也可能是由介紹而來。不過，所有提案必須經過二名以上審議委員複議通過，否則視為提案無效。複議通過後，委員會會指派投資評估負責人，負責人不一定是提案人，一般企業的習慣是提案人即負責投資評估，不過，這樣將會影響提案意願。

「**CR-2**」，此階段投資評估負責人正式與投資標的公司接觸，這個過程稱之為「合意交涉」，主要是雙方針對併購意願和條件做初步的瞭解與溝通，必要時也會委託外部專家協助，例如：投資顧問、律師、會計師……。事後，投資評估負責人，將「公司背景」、「併購後的綜效」、「可能併購價格」做成初步評估報告後，提報投資審議委員會，這個程序需經過董事長及二名審議委員審議通過，投資案才會繼續進行。通過審議後，同時指定談判代表，談判代表與投資評估負責人不一定為同一人。

「**CR-3**」，此階段正式與投資標的公司簽訂「保密協定」，以取得投資評估資料，「保密協定」主要是對於取得對方公司機密性資料，如財務報表、業務資料或特殊事項約定保密義務。

「**CR-4**」，此階段因為已簽訂「保密協定」，對方即有義務提供投資評估的相關資料，對於投資評估的判斷會比較準確。事後，投資評估負責人必須提出投資可行性報告，同時，談判代表開始與投資標的公司磋商併購條件，擬訂「投資意向書」初稿，提報投資審議委員會，經過董事長及2/3審議委員審議通過。通過審議後，同時指派實地審查小組。

接著的程序是「DD-1」，重頭戲是與投資標的公司簽訂「投資意向書」，主要是雙方就併購案的基本條件達成共識，以書面形式明確記載，做成備忘錄。雖然意向書基本上不具有法律約束力，不過，還是有誠信的道德約束效果，歐美國家對「投資意向書」的態度比較嚴謹，如果經過實地審查證實投資標的公司提供資料屬實，不會誤導投資者對投資評估的正確判斷，投資者就有義務遵守意向書的協議。但是，亞洲地區，「投資意向書」僅象徵雙方的口頭約定，事後不遵守也不會有任何法律問題。

在簽訂「投資意向書」後，實地審查小組必須擬訂實地審查計劃書，編列實地審查預算，預算中較大的金額是聘請外部專家的費用。以上皆必須提報投資審議委員會，由董事長及2/3審議委員審議通過。

進入「**DD-2**」的程序，進行實地審查，因為實地審查通常耗費時間較長，而且實地審查中有可能發現新的狀況，為了即早因應，實地審查小組需要多次提出期中報告。實務上，在實地審查階段，最好是每週檢討一次。

接著進行「**DD-3**」，完成實地審查後，實地審查小組提出結案報告，投資標的公司價值評估報告及投資價格建議，提報投資審議委員會，經過董事長及2/3審議委員審議通過後，進行「**CR-5**」，開始正式進行投資談判，雙方就併購條件進行磋商，同時，擬訂併購契約初稿，提報投資審議委員會，經過董事長及2/3審議委員審議通過，並提報董事會通過。

接著，進行「**CR-6**」，安排簽約，簽訂併購契約。

簽約後，進行「**CR-7**」，指派經營團隊進駐，通常經營團隊與投資評估小組成員不同，所以，必須進行各項併購條件的業務移交。接著，經營團隊開始進行經營資源整合及企業文化、授權規範、組織結構與事務處理流程謀合，這是一件艱鉅的工程。所以，投資評估小組仍要經常介入協助，不能貿然撤退。

併購後，進行「**CR-8**」，進駐經營後，仍應定期檢視併購綜效是否符合預期。

（資料來源：成霖企業財務管理處副總經理戴元鑑提供。）

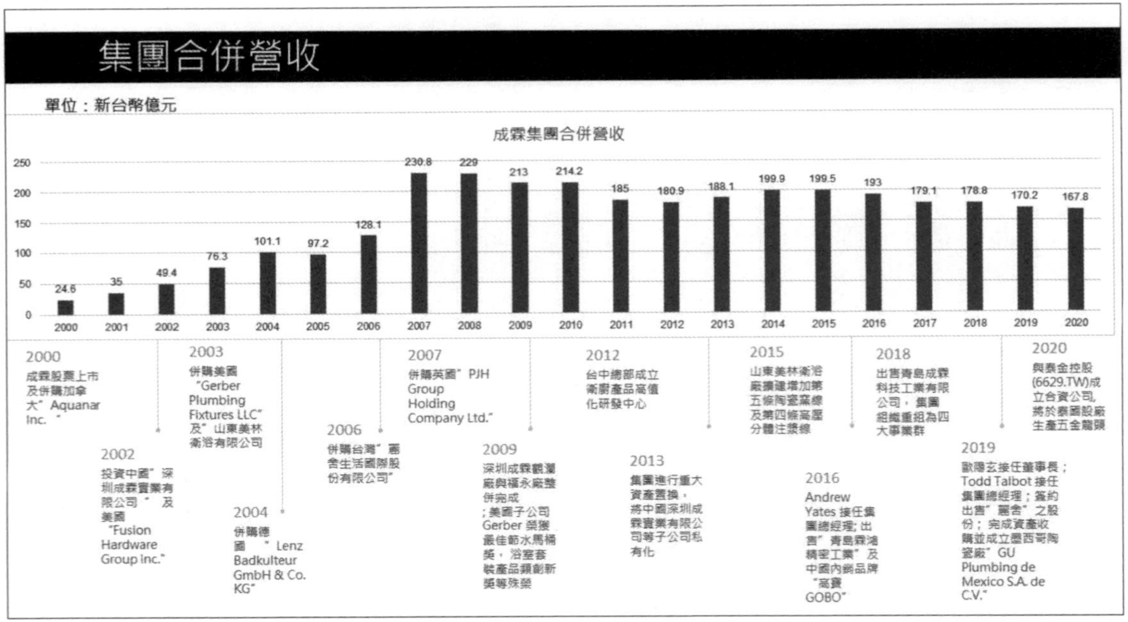

成霖集團歷年之合併營收（成霖提供）

製造業的定位與未來——代工？品牌？

從二〇〇八年之後，成霖就比較沒有對併購作為經營的重點方向，歐陽明理解到，以成霖現在的規模考量上，成霖應該是把現有的作業與經營，把它穩定下來。回過頭來，就是要把自我的產業做到最好。

國際上的經濟發展與產業分工上，台灣企業發展偏向倚賴著數十年的代工經驗，台灣造就了七〇、八〇年代的經濟奇蹟，從早期的聖誕燈泡的簡單加工、運動鞋產業代工、電腦生產的代工、鴻海的手機組裝代工、到今日台積電的晶圓代工，台灣可稱謂「代工王國」。

台灣製造業的代工模式，能夠讓製造業快速的學習生產技術與管理方法，能夠利用歐美廣大的市場來實踐規模經濟，並因此能迅速的成長並累積財富；但受限於產品的主導權都是國際主要產業的歐美日跨國大企業，多數皆有數十年或上百年的歷史，它們不單有龐大的產能來實踐生產及營運上的經濟規模，同時也掌握了技術與研發，並掌控行銷通路，多年來在企業組織內累積了技術與管理的能力，在研發-生產-行銷功能上的垂直整合，讓這些企業能掌握對市場的主導權，影響產業發展的方向，同時維續企業的永續經營。

而台灣的代工模式的運作方式多則是由美國設定標準，然後運用日本的技術與零組件來進行生產代工，雖然台灣廠商擁有生產與工程能力，能提供價廉物美的生產服務，但是缺乏對過程與發展方向的主導權，因此必須不斷尋找各種不同的市場利基，甚或轉變發展方向，不易有計畫地長期在企業組織內累積特定的技術與管理的能力，不利於企業競爭力的長期維持與永續經營。

無論 OEM 或 ODM 供應商（於後統稱代工廠），在長期發展上仍有許多不利之處，例如，由於訂單來自品牌客戶使代工廠缺乏自主性，此外，一些較有價值的技術、零組件、通路及品牌等，皆掌握在品牌客戶的手上，使得代工廠面臨單邊關係專屬投資的處境，品牌客戶也經常藉以限制或壓縮代工廠的行動與獲利空間；而代工廠長期聚焦於製造活動，無法發展出具有更高附加價值的品牌活動，不利於其在國際市場上的競爭。

榮獲 ADEX 設計白金獎，品質毋庸置疑

台灣政府其實也知道這種產業發展代工模式下的經濟危機。產、官、學界從一九九〇年代起，即提出自創品牌的策略建議；鼓吹科技產業「自創品牌，走出代工」。例如，經濟部國際貿易局為了鼓勵台灣廠商加強研發創新與設計，在民國七十八年（一九八九年）開始推動「台灣精品」選拔，訂定研發創新、設計、品質系統、市場與品牌認知等評審標準，在民國九十五年（二〇〇六年）確立「台灣精品選拔」，獲選出線的台灣產品將獲得經濟部授權的「台灣精品標誌」；經濟部國際貿易局在二〇〇六年一月十八日報奉行政院核定實施的「品牌台灣發展計畫」，其計畫宗旨在於推動台灣品牌政策，並促進產業轉型與升級。

台灣精品獎的選拔，對台灣產業的未來發展方向有個領航指標的效果，對企業有莫大的鼓勵。以成霖而言，品牌的維護和產品持續創新，都是每年非常主要的經營重點，自創品牌的 Danze® 和併購進來的品牌 Gerber® 還持續榮獲二〇二〇年國

外知名的 ADEX 設計白金獎。

歐陽明其實也看到了「生產代工」與「品牌發展」對企業發展的抉擇與挑戰。品牌策略，也是歐陽明的策略地圖中，非常重視與重要的功課。

成霖從一家五金雜貨貿易商，蛻變為水龍頭製造出口的代工廠，但，歐陽明非常清楚，「企業若沒有創新產品、沒有自有品牌、沒有自有銷售網，如同建築在沙灘上的大樓一樣，海浪一來就被沖垮了。況且，沒有自己的通路，對消費市場就像隔了一層紗，阻礙了研發的道路，代工雖然有利潤，但卻沒有未來性。」

正因為如此，成霖決定走自創品牌之路。從代工廠到自創品牌是一條又長又遠、又得有策略規劃的路。

當代工廠在製造上達到規模經濟而具有成本優勢時，可針對品牌客戶未聚焦的次級市場推出新品牌，或可與下游具有一定市場地位的通路商或零售商合作開發自有品牌，有利於快速進入市場。上述作法雖可促使代工廠轉型自創品牌，卻難免與原有品牌客戶競爭，一旦客戶反擊時，代工廠可能面臨代工業務與新品牌業務間的兩難，影響其自創品牌成效。

做品牌還是深耕代工，成霖邁向高峰的關鍵竅門

現任的董事長歐陽玄，回顧這一套策略模式，認為是成霖的成功因素之一，也是幫成霖把名聲推上去之助力。他說：「同時擁有製造能力，在美國又有自己的品牌，這件事情讓我們公司變得非常特別。」

「在我們這個產業裡，幾乎沒有任何一家這樣的公司。找一個客戶，我又可以幫你做東西，也可以賣我們的東西。我們對大的競爭對手就是做代工，他們沒有自己的品牌，但是我們有；如果跟美國做衛浴品牌來講的話，他們也只能賣他們的東西，但我們又能跟我們的通路說，我們可以幫你們做代工！相對的我們非常有彈性。」

從代工到品牌，再從品牌拉到代工，是一門非常奧妙的市場生意經，引述政治大學彭朱如教授發表的個案研究中提到的：

『除了來自品牌客戶的威脅外，代工廠由原本單純的製造業務跨足至自創品

牌，勢必遭遇在行銷或品牌經營等能力上的挑戰；有管理學的學者，以動態能力及組織學習的觀點詮釋代工廠建構行銷通路的歷程，提出代工廠轉型自創品牌時在行銷能力上提升的作法。此外，代工廠尚可能採取改變經營模式、重整組織結構、取得研發與行銷能力以及調整人力資源等作法。雖然過去的研究已指出品牌客戶（先進者）與代工廠（後進者）的差異，但僅由單方能力之角度探討，認為從代工到自創品牌係垂直整合取決程度的變化，從產業鏈上游延伸進入下游市場。

因此，過去研究多是從改變組織疆界的廠商單方立場來看，探討其改變垂直整合程度的動機、能力、或可能面臨的挑戰、及如何轉型等議題，忽略代工廠與重要的品牌客戶兩造之間關係的變化。從對偶角度來看，品牌客戶可能將代工廠的自創品牌視為一種攻擊行動，而予以反擊，因此應以動態競爭的思維重新檢視代工廠自創品牌行動對於品牌客戶可能引起的反應。

另外，由於自創品牌涉及大量資源投入及組織變革，代工廠難以在一夕之間轉型，多是在維持原有的代工關係下，同時自創品牌，此有如在合作中引發競爭行動。從對偶角度來看，「在合作中啟動競爭」與動態競爭觀點中「純粹的競爭」有所不同，也與競合觀點中「與競爭者合作」有很大差異。自創品牌不僅是組織疆界的延伸，更要考量與原本客戶間的競合平衡關係，因此應用動態競爭與競合觀點來說明代工到自創品牌，有助於更深度探究「在合作中啟動競爭」現象的內涵及延伸理論的應用性。』

成霖也曾內部討論過，在自創品牌和併購品牌之間，取捨拿捏的分際。成霖從百分百的代工廠，到現在以自有品牌為主、代工生產為輔的經營模式，一路走來，邊走邊學、邊檢討邊調整，但在策略目標上，一直朝著自己一步一步延伸的經營理念前進。

自創GOBO品牌，正式叩關品牌經營

成霖的品牌之路，首先由民國七十四年自創 GOBO 品牌，主打大陸市場；一九九八年自創 Danze 品牌，但 Danze 產品直到二〇〇〇年才正式上市；到了西元二〇〇三年，成霖併購了美國 Gerber 工廠與品牌、次年二〇〇四年又併購德國 Lenz 廠，目前旗下共有四大品牌，分別主攻不同市場。在全球設立發貨中心與分公司，提供售後服務，借此擴大市場規模、提高利潤，長期而言，更有助於訂單來

源更穩定，降低代工客戶過於集中的風險。

特別一提的是，自創 Danze 品牌，其實是為了打進美國市場。根據統計，全球水龍頭市場規模每年約有四佰五十億元，其中北美市場就佔了近百億元，北美一直是成霖主攻的市場，目前成霖在北美也擁有 ODM 代工團隊，在當地小有名氣。

自創 Danze 品牌後，一開始，成霖不敢貿然打近北美主流市場，反而先在加拿大市場「練兵」。由於品牌推廣成效不錯，讓成霖對進軍北美市場更具信心。

自創品牌想進入美國市場，首先得招募銷售代理商，只要能找到好的銷售代理商，品牌就成功了一半。當時剛好有一家大品牌，市場傳言即將轉賣給某大集團，屆時可能轉換銷售代理商，該品牌代理商個個都沒有安全感，反而給了成霖一個好機會。

歐陽明決心趁此機會在當地召開一場品牌說明會，邀請二十幾位銷售代理商與會，攤開利基點，請他們加入成霖團隊，共同推廣 Danze 品牌。結果，當天有一半的代理商決定加入成霖團隊，成為成霖的「銷售代理議會」。分析 Danze 品牌能成功的打進北美市場，原因就在於擁有一批既資深、又內行的銷售代理商，協助成霖共同開發新產品。

當初成霖把 Danze 品牌定位為高單價、走精緻路線，希望與中低價品牌作市場區隔，所以，成霖的產品以創新為訴求，不做價格競爭，因為堅持只推高單價產品，成功的把 Danze 品牌塑造為頂級品牌，一般水龍頭售價約二十美元，Danze 品牌的售價介於一佰至一佰五十美元之間。

短短五、六年來，Danze 客戶人數不斷成長，五年時間，由五個客戶成長至一千一百多個客戶，一萬多個銷售通路據點，營收由第一年的二佰五十萬美元，攀升到二〇〇五年的近五仟萬美元。Danze 一直是成霖的驕傲。

而成霖的行銷策略，以自我品牌為主、代工為輔的模式，在二〇二〇年營收已達到六億美元，自我品牌已佔總營收的百分之六十七，代工營收僅佔百分之三十三。接班的歐陽玄更延續父親的品牌戰略，豪氣地講出：「未來二十年，就是如何把產業品牌，變成讓消費者一眼就會認得的品牌！」

「我覺得我們亞洲公司有機會做得到的！」

1. 資料來源：https://zh.wikipedia.org/zh-tw/%E4%BD%B5%E8%B3%BC
2. 引用〈今周刊 2006-11-16 產業動態〉

伍.

企業的茁壯，另一個抉擇……

有絕妙的計劃，必須不遺餘力地實施，而且今天就做。
Have a wonderful plan, must spare no effort to implement, and do it today.
——道格拉斯·麥克阿瑟 Douglas MacArthur（1880 ~ 1964）／美國五星上將

離鄉背井的打拼，爲企業成長尋出路

雖說「商人不言政」，但也不得不隨著政府的政經政策在左右營運的方向。美國總統川普是商人從政的最佳例子。他在位的期間，非常努力招商，希望製造業重返美國本土及增加就業機會。二〇一七年七月鴻海董事長郭台銘宣布四年一佰億美元投資威斯康辛州；接者是台積電在二〇二〇年五月也宣布將在美國亞利桑那州興建且營運一座先進晶圓廠，將採用五奈米製程，預計二〇二一年動工，二〇二四年量產；至於投資金額，台積電指出，在這專案上的支出，包括資本支出約一佰二十億美元（約合新台幣三仟五佰八十六億元）。

台灣的企業，現也成為國際間的大國高官所要努力招商的對象了。

郭台銘曾霸氣地表示：「商人無祖國，市場就是我的祖國。」在二十一世紀的今日，與其說商人無祖國，另個角度是商人無國界，企業經營既然強調競爭力，自然也會落腳在有競爭力的領土上，強上加強、利上加利、互謀其利。

現在看來，產業的跨國發展免不了必須強強合作，或大戰略佈局，可是，話說回來，台商的發展，早期的兩岸經貿發展，卻是篳路藍縷的在政治操作的敏感空間上，夾縫中求生存。台灣中小企業的發展與成就，也就是考驗台灣企業家的產業發展彈性與隨機應變來面對市場競爭的無情，離鄉背井的打拚，就是不斷地為企業成長尋出路。

套用國家政策研究基金會在二〇一一年發表的文章-「台商在兩岸經貿發展的過去與未來」，就可以了解台商為何去中國大陸設廠發展的始末。

『一九七八年十一月四人幫下台，鄧小平上台，大陸採行改革開放政策。一方面大陸開始與周邊國家進行貿易；另一方面，大陸在一九八〇年選擇了沿海的四個城市當成特區，包括深圳、珠海、廈門、與汕頭，吸引港澳台資的資金與技術。但是，由於當兩岸的政治關係仍然是相當敏感，因此兩岸之間只開始了雙邊貿易，而仍然沒有台商進入大陸投資設廠。一九八七年的十一月，台灣取消戒嚴法，蔣經國總統因為人道精神，允許人民赴大陸探親，兩岸關係正式解凍，台商利用此一機會進入大陸投資，開啟了兩岸經貿關係新的一頁。

事實上，一九八〇年末，台商開始赴大陸投資的主要理由有兩個：首先，由於一九八〇年代下半年開始，台灣出口大幅成長，外匯存底快速累積，造成新台幣兌美元匯率迅速上升，由一九八六年的38：1升到一九八八年的26：1。在新台幣大幅升值的情況下，以出口為主的中小企業很難在台灣繼續生存下去，於是他們想要到海外尋找合適的生產基地。但是，由於這些中小企業規模有限，無法帶著大量資金前往先進國家去投資。

就在此時，另外一個重要的因素出現了，就是台灣政府開放人民赴大陸探親。在許多台商赴大陸探親的同時，他們發現大陸有許多的廉價勞工與土地，而且當時只要帶著數百萬美元就算是有相規模的投資了。再加上語言上又沒有任何的障礙，於是一九八〇年底大量的台商開始湧入大陸投資設廠。也就是說，台商赴大陸投資其實是由兩個單純的經濟原因所造成，一個是由於台灣投資環境的惡化，把台商往外推；另外一個原因則是因為大陸的投資環境非常適合台商前往生產，於是造成巨大的吸引力。』1

成霖也面臨到一樣的時空背景，歐陽明也清楚想到得為成霖的競爭力，尋找另一個生產基地。

第一家台商在大陸上市，企業體質日益茁壯

從管理顧問公司輔導成霖上市，後來被歐陽明聘任到成霖服務的戴顧問，身負重任的為深圳成霖潔具公司做股票上市發行與資金運用的規劃。

「以我們的角度來看，那時候大陸設廠當作基地進軍全世界，是一個大好的條件。」

「當初一九九九年成霖要上市的時候，我就想說要到大陸擴廠，資本支出要蠻多的。如果從台灣母公司拿過去，母公司的資金重點是要來發展品牌通路的，不是要投資生產的。」

「在大陸必須要有一個資本來源，想說不如在在大陸直接上市。從大陸那邊去

籌措資金，讓工廠擴大。」

「在台灣上市的資金，用在品牌通路投資；在大陸上市的資金，用在大陸擴廠。當初在財務規劃是這樣去想，所以，才在想在中國上市的可能性。那時候還沒有台商在大陸上市呢。比我們大幾百倍的企業，都沒有上市。我那時候還去主管機關國台辦溝通這事情。包括證券會也去，他們說，『這個很新的東西，我們沒有想過要讓台商在大陸上市，這邊很多的法規方面都沒有啊！』」

戴副總繼續提到，「因為，我對台灣這個市場的運作比較熟，在一起（對大陸官員）講的過程，他們就會覺得從我這邊好像可以學到很多東西。這樣子就是變成說，我去拜託他們讓我們上市。卻變成說，我來告訴你經辦怎麼弄這個上市。」

「所以，因為這樣，一關、一關的過，才會比較順利。每一關他們都沒有經驗。」

那個時候的深圳，產業規模還很小，成霖一開始規劃是到上海掛牌上市。後來，在申請作業上發現到，上海的資本市場的作業情況，經常是處在辦辦停停的狀態。比如，若股市市場發生的一些混亂，他們就停止申辦，股市暴跌、股民又會躁動。成霖遇到上海資本市場的證券商請上市作業，停一下、又開一下，這樣的一個情況了解後，若硬要在上海掛牌上市，可能要進行蠻長的時間。

「因為，那時候大陸股票只要一放，股票就亂漲。很亂！光陸資企業就一大堆，國營企業一大堆排在那邊，排隊等上市。所以，我們後來就退回去，先從深圳上市，回來再轉到上海上市。結果深圳更不懂，上海比較國際化，接觸比較多。不過，深圳更不懂反而更好，我們跟他們講一些台灣上市資本運作的，他們更想了解，反而更快、更順利。」就這樣拍板，選擇在深圳上市，成為第一家台商在大陸上市的企業。

戴顧問成為台商第一位處理台資企業成功在大陸股市上市的專家。也因為歐陽明很信任與授權給戴顧問，成功的規劃與運作，讓成霖的股票上市與資金運用等的安排，得以讓成霖集團在經營擴展上，沒有資金運用上的難題。

組織的管理秘密——信任與授權

一家公司的經營運作，工作上的安排，一定少不了最基本的業務、採購、會計、人事行政。業務負責行銷、採購負責產品、會計就得資金運作與損益的紀錄、人事行政包含公司裡裡外外的總務和文書等。

成霖創業成立時，在台北的住家公寓兼辦公室，四張桌子與四位員工。剛好老闆歐陽明負責行銷業務，老闆娘掌財務會計和人事行政，另外再找兩位員工協助產品品質與船務。

當成霖貿易越來越有起色後，工作量增加了，人手不夠了，員工增加變成八位。除了老闆與老闆娘基本成員，歐陽明邀請他的同學陳重芳夫妻二位加入、三位業務助理兼船務，和一位負責產品品質的師傅。但歐陽明深深覺得自己掌握產品的製造，除了對產品品質的控制與自主權，對產銷的整合，更是必須要能有自己製造的能力。當時陳重芳副總也認同他的理念。水五金的產品提供重地在台中與彰化等地。歐陽明當然就得從中部產地的配合協力廠中物色對象，讓他能夠切入製造業。

台中工業區內的水龍頭製造廠「欣洋給水銅器」是歐陽明合資的製造工廠。也是歐陽明開始啟動產銷合一的第一站。

員工規模擴增，組織架構改造調整

隨著生產製造的事業功能，業務的擴展更加順心如意。但隨即而來的是，產量的成長與人員編制的擴增，企業管理馬上得有組織與系統化。

歐陽明意識到員工從不到十位到達百位以上了，企業需要有組織、有部門、有管理、需要分工合作、分層負責的階段了。

台正管理顧問的輔導重點是全面品質控管系統（TQM），依照企業管理學對（TQM）的解釋：全面品質管理（Total Quality Management，TQM）是一種針對所有組織過程中深入品質意識的管理策略。全面品質管理可用三個Q（Quality）來表示：就是對一、人的品質，二、系統及流程（Process）的品質，三、產品及服務的品質。

換句話說，是對成霖的產、銷、人、發、財、資的六管全面動起來教育與輔導。從顧問進來後，依照職務重點，負責產品垂直整合的顏副總透露，「一天一個顧問，一天一萬五仟元，三仟萬元扣到完。」

「我們那時候像海綿一樣，太厲害了！心想事成，那時候的凝聚力，沒話說的。」顏副總臉上浮現一抹驕傲地回憶起來，那段大家同心一致的依照顧問的指示，進行成霖的改造。

「照顧問那一套，從中、短期計畫，產、銷、研發、財整個架構，就從中、短期規劃，再到年度的方針、再到產、銷、研發、財各部門的展開，把整個管理體系架構起來。」

「我們老闆看很多書，他對那些管理的東西，很容易學習。他很聰明，他就順著輔導的過程，管理架構起來。他的那一套建構下來就是一個很扎實的底。哪個中、長期的規劃，才會開始併購。哪個中、長期規劃，就是多久要做、到多少美金的生意。一九九〇年代公司早期核心的人有老闆、陳重芳（業務）、齊先生、我、張先生。齊先生當時在工業區的合資廠當廠長，後來他在負責大陸；我負責垂直整合，把技術帶過去；張先生負責產品開發。」

「到二〇〇〇年公司股票上市之後，主要的人就是：我負責產、陳副總負責銷、人事另外有人負責、財務就戴副總，股票上市的作業就是戴副總負責的。」

所以，成霖的主要幹部各司其職的動起來了。顧問團隊按部就班地做教育訓練，讓成霖的員工們都有明確的工作職掌與步驟來規劃團隊的目標。

這時候，主要幹部是怎麼合作的？

顏副總努力的說明當初的分工合作與目標。「我們做中、長期規劃，最主要是營業額要到多少。因為你要達到那個目標（要產銷）就要垂直整合。我當時把工廠垂直整合起來，那個是狹義的垂直整合，那個只是這個產品的製程垂直整合。但是，對老闆來講，他的視野不是我們的視野，他的視野是全球，包括英國。」

「到了二〇〇三年品牌發展，通通來了。所以，這真的是要很有膽識。所以，包括通路、併購、全球的定位等等。」顏副總忍不住又讚美起他的老闆歐陽明來了……。

經常挑戰部門主管，避免企業「不輪轉」

都是歐陽明董事長他的一個人規劃的嗎？

「我覺得是他的一盤棋。這個也要因緣際會，這也不是你想，就做得到。剛好有那個因緣際會，他就會成。」顏副總的判斷。

當時是台正管理顧問團隊的戴顧問也說起歐陽明對（TQM）的重視。「我只講一個他管理的東西就好，我常常在成霖推一個預算觀念。明年經營活動，在推動預算就演練一次了。模擬你說明年大概是怎樣的情況，所以預算要怎麼做，明年的經營成果，今年就已經決定了。預算出來，你明年有沒有達成百分之百，結果就曉得。所以，他很重視（TQM）裡面有一個方針管理。你一個部門明年要做什麼，方案管理就展下去。你們這個部門明年有什麼重大事項，你們決定怎麼做，他都非常仔細用心的去聽各部門做的報告，報告以後，他就大概知道這個部門明年的運轉。除非突發事件，不然大概都能了解各部門的明年經營情況了。」

所以，歐陽明常常會挑戰部門主管嗎？

「對，對啊，主管的方針管理定的目標，明年的 BONUS 就很重要了。達到達不到，達不到你就要講個理由，看能不能說服大家。那時候就有審委會，其實也不是他一個人決定了。主管最怕領年終獎金的這一天，主管的年終獎金，一般都是要等這個目標結算都出來了才會發。那時候，就很挑戰了，達不到目標，很多人在那邊審你。」

「預算管理，成霖這方面做得很好。就因為是歐陽董事長很落實這個觀念。」戴顧問的經驗談，對成霖 TQM 落實運作的成效非常滿意。

預算的作業花很多時間嗎？

「應該是十一月份到隔年一月，有些要看今年度決算的延伸，看第三季的結果，然後再估明年的預算。有時就會到一月份才做。」

那在預算的推展上，是董事長訂立明年的大方針嗎？

「沒有，他通常都從下面往上提報，他比較踏實啦！事業部比較沒話說，如果是下面提報上來，他覺得你太保守，那就再加碼。部門主管一般都不會反彈，但因為也牽扯到自己明年的獎金，所以也不能硬著頭皮而不和他討論清楚。」

當然，預算管理不是寫完數字交差了事的。當歐陽明的年度方針目標訂了以後，歐陽明會召開部門主管的「共識會」，大家目標一致為明年的經營訂好方向。接下來就是每個月，歐陽明跟部門開方針會議，看看實際的進行如何？

商請麥肯錫來輔導，全球化集團為目標

到了麥肯錫來輔導後，麥肯錫的輔導重點就以全球化集團為架構。成霖已有北美、德國、英國等地的營運據點了，就有產生一個 EXCO 的會議，EXCO 主要就是幾個據點的大主管參與的會議，一季開一次。以往的 EXCO 會議會盡量安排某個據點，大家聚會的面對面開會討論，但受新冠疫情的影響，視訊會議變成主要的

方式。

歐陽明對企業的組織管理是很務實地進行，也很尊重各部門主管的提案與預算編列。所以，在經營成效上一直安安穩穩的成長著。

戴顧問轉任成霖的副總，他提到，「其實，我們常常在展預算，所以，一個公司起起落落，算是企業經營的成長必經的過程。但，我在成霖這十年，我是覺得沒有。不像之前服務過的公司感覺有那麼大的風波。他有壓力啦，但沒有感覺很大的危機這種事情，我的感覺是這樣子。沒有資金危機這種感覺，沒有說有措手不及，讓大家愁眉苦臉的情形發生。」

他的管理風格呢？他是很獨裁、很霸氣的老闆嗎？

「我們如果談上市以前，毫無疑問的都是他的想法，那是不會有問題的，因為他是單純的，而且也沒有第二個人像他這麼聰明。上市以後，就不一樣了，打個比方，像我們要買英國 PjH，這就是重大決策，我們是用投票的。當時我們有九個部門的主管，一起開會。這個併購的分析調查後，最後大家投票。」跟隨歐陽明有三十幾年的顏副總，最貼身的員工是這樣解析他的老闆的決策作為。

當初併購英國這個品牌公司是怎麼發現出來的？

「這些都是因緣際會的關係。因為我們當時的執行長是英國人，剛好PjH要出售，對他們英國人來說一定是有感情的，他就會比較偏向去併購它。當然老闆也不是笨蛋啦，那麼多錢的事，他也沒有說很專制的去決定，而是去調查後，大家投票，結果七個人贊成，兩個人反對。」就這樣定案了。顏副總舉例歐陽明的管理風格。

戴顧問轉任成霖財務副總後，他憶起一個往事，一個小趣事，也說明了歐陽明給他的授權和信任。

戴副總代表成霖前去大陸商議把深圳潔具上市公司的資格出售。

「那位要購買的對方董事長，他只希望殺價，他說，『奇怪每次在跟你談殺價，都沒有聽你要跟董事長報告，一般人都說我回去報告董事長再來談。一直很納悶，好像你們這邊就可以決定了。』有一次，殺價殺到他在泡茶，氣得手都在發抖，最關鍵的時候，尤其是五仟萬人民幣的影響，他一直希望我能夠回來跟董事長報告，那麼大的金額在那邊就是，不行就不行了。他後來跟我們大陸的副總私下說，『那天我真的想把那個茶杯砸到你那個戴副總身上。』哈！哈！為什麼會我講這個就是說，我和他有很大的一個默契，就是說跟他在互動上很有默契。什麼時候覺得應該幫他做決定，什麼時候要他自己決定，所以一直在互動是這樣的默契。所以，包括我這邊的工作，不管那個方面一直都蠻順的。」戴顧問對歐陽明這位老闆對他的信任與互動，一直印象深刻，這也是他雖然退休多年了，兩人還是像老朋友一樣，戴顧問大約每隔二個月就會來台中探望這位老董事長，品個茶，喝杯紅酒的，談談經濟景氣、聊聊爬山旅遊的，不再是以往的營運目標與資金運作的報告了。

顏副總也很傲然的說出他對老闆的感想，「很特別的是，他在策略規劃上是很寬大的心胸，但，細節處對員工又是很細膩的。」

「我是整個成霖到現在，請那麼多員工，我應該是最幸運的。我很努力，我念中國海專沒有什麼專業，都是在公司學的。我講的，我們老闆完全相信我。這就是我對他的服氣。他真的很疼我，我覺得他疼我，比他弟弟還要疼。」顏副總很感念在成霖的三十多年，有老闆歐陽明對他的信任與照顧。

也就是因為歐陽明，他對專業的尊重，對團隊的信任，他授權讓成霖員工分層負責，讓部門間分工合作有目標的營運，讓成霖成為全球化的企業集團，讓成霖永續經營下去。

---

1. 資料來源：台商在兩岸經貿發展的過去與未來 - 國家政策研究基金會（Read more: https://www.npf.org.tw/2/8948）

陸.

創業家精神——品格與風範

為學日益，為道日損。損之又損，以至於無為。無為而無不為。

——出自《道德經・第四十八章》／老子（約 BC.570 ～ BC.470）

「說到做到」的勇氣

一個企業文化的形成，最主要的關鍵都是在於董事長的心思意念，他的行事風格與對員工的要求。歐陽明給人的印象，無論在所參加的社團或往來的客戶、廠商等，例如扶輪社、磐石會等，大家對他的認知，是位文質彬彬、待人誠懇、低調內斂的老實人。就像成霖在業界或報章雜誌上的介紹，也是默默耕耘的隱形冠軍企業。一個企業的文化，在成霖都可以感覺到歐陽明的風範。

成霖員工上上下下都受歐陽明的真誠與好學而感染，這也是文化形成的主因。顏副總就是最落實的例子，因為老闆的精神與好學，也讓他在身旁看著、學著。

顏副總提到，「我覺得他很勤於學習。從另外一件事的角度，就可以看出來。因為當時我們是貿易商，他做水龍頭才兩、三年。貿易喔，他還沒有工廠，他就感受到如果你只做貿易商，那你做不久的，你沒有工廠，是不行的。後來才來台中找廠商，跟他們合資了一個工廠，當時是合資，合資你不是也有另一位老闆嗎，有內行的人，所以他就可以專心做生意，但是你又有合夥的人，所以你對產品的品質比較能控制。不然你到處去買，每一家品質不一樣，你沒辦法跟客戶交代，所以他就自己做，跟人家合資。」

「後來很不幸就是，合夥的老闆癌症過世了，過世後我們要自己做，你知道那個老闆還沒過世之前，我們希望層次做更多，以前就是做量最大、最便宜的產品，因為他做貿易，所以知道市場是怎麼發展的，他想要做高級的東西，他要找老闆一起做，那老闆當時身體已經不好了，所以他就沒答應，我們老闆沒辦法啊！因為市場真的有那個需求，他沒辦法才自己去成立一個小公司，去研究做一些比較高檔的，我們才九個人，他不會做工廠，他請顧問。所以，我如果說是因為歐陽明董事長帶動了一個企業文化，就是上上下下都肯學習，這是OK的。」貼身跟著歐陽明學很久的顏副總，定義出成霖的企業文化，就是好學不倦。

衝突、妥協、進步，推動企業常軌化

戴顧問輔導過多家公司，他也很有心得的提到，「像TQM在一般正規的企業要推動，大概都要兩、三年，才能夠引導他們。在成霖一年半就進來了。很厲害！正規的企業，一般不允許顧問進來有失誤，輔導過程如果有失誤很快就發現了，發現了，就不再相信顧問，不相信顧問，就進不去了。但是，成霖他們容許顧問有時候也會失誤，大家在失誤中互相調整進步，所以大家就互相會激勵，一年半這套系統就很快進來了。」

成霖包括歐陽先生、包括員工，就像是個海綿。當顧問公司辦課程的時候，如果一堂課限定三十個人進來聽，在台灣就有四十個人跑進來聽，和他沒有關係的十個又跑進來聽。在大陸要三十個人聽的，會跑出一百個人進來聽。

歐陽明也一樣，不熟悉的領域，像小學生一樣，問了又問、問了再問，就是要了解，真的像海綿吸收的一樣，非常積極又認真。

「雖然，沒有說刻意去教員工怎麼學習，我覺得真的就像海綿一樣，大家都自己自發性的就是自己想學。」

至於併購進來的公司呢？如何的讓他們融入成霖的？

「併購公司的第一個問題，就是要了解它的管理電腦系統是怎樣的？加以評估後，改變成我們這個系統，連結有什麼困難，這是併購評估重要的一項，這樣才能有共同的語言。只要併購的企業，很快就能引用台灣的系統，這方面成霖一直很願意投資資訊系統的。」曾經掌理過成霖資金運作的戴顧問說出成霖很重要的資本支出，也就是讓全球化的企業能夠融入進成霖的溝通語言與管理系統，成為成霖文化的一份子。

誠信，要做到有能見度

歐陽明曾在經理人月刊接受採訪，特別強調誠信的重要。「我不是為誠信而誠信。我覺得這樣做對我是好的，」歐陽明想得很清楚，成霖從貿易、代工、品牌到跨國購併，一路上都有「誠信」做為發展的後盾。甚至，歐陽明著作的小說《曾經的年代》中，有感而發地寫出他曾經看到的經驗，書中提到呂新銘在沙烏地阿伯搶生意，在報價上利用小技巧騙取而贏到訂單，卻也最後被查破而淪落為人質，差點回不了台灣。

那歐陽明是如何將誠信做成企業的核心能力，關鍵何在？

「誠信，不能只是在房間裡說；誠信，要做到有能見度。」「不是為誠信而誠信，而是將心比心。」歐陽明說。

談到購併成功的關鍵，歐陽明用了一個重要、但抽象的字眼：誠信。從貿易、生產到品牌的轉型過程中，無論是購併時的組織政治、進入中國市場的心態，或與新主管的磨合，「誠信」都是他唯一的解答。但是，「誠信」不能只是關起門來說，還要在公開場合做，才會有「能見度」。誠信，是對主管做為好的教練教材，也在市場打造好口碑。

關於歐陽明的誠信行銷，他執行「誠信」的 know-how 有二個，歐陽明說了兩個故事：

第一個 know-how：對客戶沒大小眼，打造好口碑。

「三十多年前，以代工為主的成霖，在美國找到了新的代工大客戶。某些廠商可能會玩兩手策略，繼續偷偷地同時幫新舊客戶代工，等到大客戶發現後再停止。但成霖認為雙方有利益衝突，決定停止幫舊客戶代工。

當歐陽明告知此事時，舊客戶雖能理解但依然不悅。『我的供貨怎麼辦？』、『我們設一段緩衝期，你快去找人供貨。無論找到誰，我們都會把模具轉移給他。』歐陽明說。

舊客戶雖然同意，但仍然抱怨，剛印好的新型錄中，所有成霖代工的產品都不能賣了。『沒關係，印費多少錢？我賠。』對方開價六萬美元。在當時這不算一筆小數目，但歐陽明依舊一口同意。

『其實我不偉大，只是將心比心。』歐陽明認為，透明的溝通可讓大客戶明白成霖足以信任；有了補償善後機制，舊客戶便不會在產業散布負面評價。」

第二個 know-how：謹守品牌定位，不與客戶爭利。

「多年前，成霖的自創品牌 Danze 首次在芝加哥參展，歐陽明提早去參觀自家攤位，卻發現一個大問題。

原來，成立自有品牌時，歐陽明曾承諾代工客戶將專注於中高價市場，不會與低價市場的客戶爭利。但美國的業務主管為了促進銷售，卻把部分攤位設在低價展區，踩進了客戶的地盤。

當時已是早上九點多，眼看展覽十點就要開始，歐陽明二話不說，『不對，一定要撤！』員工忙著解釋原委，『要是撤下來，這裡就空了！』、『就讓它空著吧！

你們如果不動，我就自己動！』眼看老闆鐵了心，員工只好開始拆攤位。

「還好撤下來了，否則我們一定會被貼牌客戶捏死！』歐陽明認為，這麼做並非只是『為誠信而誠信』，而是忽略當下的損失，放眼長遠的好處。而這也是他創業四十多年來，最感『自豪』的一個決定！」**1**

眼光精準獨到，所以能夠洞燭機先

成霖無論併購，或是開拓市場，所採取的作為，常常非一般常人的選項；歐陽明對於社團，也盡心做好自己。他在擔任磐石會第五屆會長任內，非僅蕭規曹隨而已，也做出多項創新，令磐石會耳目一新。

磐石會二〇二一年會員人數一百多位，難得的是會員們幾乎全是產業界的創業主，而且他們的產業都具有相當規模，好幾家公司都被稱譽為世界隱形冠軍。磐石會創立於一九九七年，二〇〇二年時，歐陽明接任第五屆會長，當時，磐石會不像現在有個響亮的名號，媒體甚至稱為「番薯企業家社團」。那時磐石會的會員人數才五十一位，代表的上市櫃公司也只有二十二家，會長的交接儀式還只是個簡易過個場，而且，當時的很多社團都只是有活動形式而缺乏正式立案。

歐陽明為求聯誼會會務的永續發展，正式向台中市政府社會局登記為「社團法人台中市磐石會」雖說立案只是尋常標準模式，但是蠻符合成功企業家們一絲不苟配合完善法治的想法，吸引當時很多位並未參與其他社團經驗的企業家，第一次參加社團就投身磐石會，一年之內多出十位上市公司董事長會員，而且由於成霖在大陸有上市的經驗，也帶動會員們積極地將公司改為公開發行、上市、上櫃之企業，而且新增的會員也多數是上市櫃之負責人。算是對台灣資本市場公開化有一番模範作用。

此外，歐陽明擔任會長之前的磐石會歷年所辦的活動中，僅以搭飛機去過桂林旅遊為海外活動。歐陽明創始了「海外產業參訪」，任內一口氣舉辦成霖深圳廠，堃霖的江蘇廠、喬山大陸廠及宏全蘇州廠的實地參觀，這一方面是台商難得的彼此觀摩及諮詢投資環境的良機，對幾家受訪台商，也是「秀肌肉」的好機會，打好產業形象，提升企業能見度。

很多上市櫃企業主因此看到產業學習的場域，慕名加入磐石會，至二〇〇五年

歐陽明舉辦產業參訪，與郭福一理事長（左）合影。(磐石會提供)

歐陽明擔任磐石會長，舉辦海外企業參訪。(磐石會提供)

歐陽明擔任磐石會長時之例會主持。(磐石會提供)

會員人數即達七十一位，符合了磐石會「成長、交流、觀摩、合作、創新」的會務宗旨，而陸續吸引優質上市櫃企業主呼朋引伴加入磐石會；這也喚起了政府對中部地區產業的重視。數任總統、副總統、行政院院長、縣、市長等首長參加磐石會的活動，形成人人爭相探詢的磐石會旋風，現在很多磐石會會員感受到「眾所矚目」的殊榮，其實與歐陽明的遠見睿智有關聯，我為人人、人人為我，展現創業家精神最獨特的風範。

成霖公司集歐陽明個人得到各界給予的許多肯定，得獎無數，這當中有一座「安永創業家大獎」的獎項，頗為獨特。

安永會計師事務所於一九八六年創辦「安永創業家大獎」，每年於世界各地選派出一名代表，角逐「安永世界創業家」。二〇〇九年安永評選委員會認為歐陽明因對綠色環保的推動在區域或全球的作為有重大貢獻，一致推崇歐陽明董事長為台灣區代表。二〇一〇年五月赴摩納哥蒙地卡羅得到這份世界級的殊榮。

創業成功在對某些人做事後評價而言，也許是個人機運比較好罷了，但是對歐陽明絕非偶然，經歷多少驚嚇、顫抖、輾轉無法成眠，腦中盡是家庭、員工、社會……，但也坦然面對與克服。

二十多歲就創業，

三十多歲就開工廠，

四十多歲就公司上市，

五十多歲完成多項併購案，有諸多品牌，

六十多歲成功傳承，……公司又有新的發展。

追求美好的價值，勇往直前，彷彿又回到了「歐陽式鐵律」：「在這一條線的兩側，你能延伸的有多寬、有多廣，你的成就就有多少！」他的經歷，提供給世人一堂精彩的創業家精神課程。

1. 資料來源《經理人月刊 No.83》

柒.

再成甘霖，二代接班

成功不是來獲得，而在於「堅持」與「有意義的生活」。

——蔣揚仁欽（本名黃春元，1997 年~）／達賴喇嘛首席中文翻譯

交棒心境不言而喻，人生高峰勇敢退潮

二〇一九年八月三日的工商日報刊登一則不是很顯眼的新聞：「水龍頭及衛浴製造廠成霖（9934）二日晚發布重訊指出，創辦人暨董事長歐陽明提出辭任董事長職務，八月十三日將由二代歐陽玄接任董事長職務……。」

這個訊息，很少有人留意到，甚至磐石會的好友們，也不是很清楚這個轉變。直到二〇二〇年商業週刊第一六九〇期刊出『成霖為何董事長、執行長一次大換血？亞洲水龍頭王交棒翻盤 長子九十天「同梯訓練」接班』

《商業周刊》內文中提到並追溯對比二〇一六年商周刊登過對歐陽明專訪，『……若與二〇一六年成霖宣布新上任 CEO 的消息對照解讀，不難發現，歐陽明的接班布局出現了急轉彎。當時，他選擇將 CEO 大位交給子公司 PjH 的外籍執行

長葉安儒（Andrew Yates），而非自己共事多年的老臣，且立刻請落選者離開公司。他更在接受商周專訪時，喊出「傳產才需要外國CEO」、「如果交給我自己小孩，也不過比我好一點點，因為脫不了窠臼……。」等語。

然而，短短三年多，一切又風雲變色，他最終仍選擇將董座交給長子歐陽玄，執行長也換人。』

其實，《商業周刊》有點出答案，也很深入的剖析歐陽玄的二代接班。且看這標題下得多驚悚：「創辦人健康亮紅燈急退二線」，這是多麼讓人震驚與不捨的答案！

誠如歐陽明驚嘆他心中的巨人父親，也會倒下來。現在的歐陽明也不得不承認他自己也是會病了、會老了。

「我既然沒能力做到死的那一天，那就乖乖交棒。」他頓了一下：「人要服老，我也不愛承認（老），這是很傷心的事。」

當初，歐陽玄不是不要接班成霖嗎？

是的，歐陽明對兒子的未來都是很尊重與開放的。歐陽玄也都是按部就班地接受台灣教育到大學畢業。

歐陽玄也是像台灣一般的年輕人一樣，「我當完兵出來要找工作，投履歷，就投那個 **104** 求職網站，有家要找英文編輯，那時我大學畢業剛退伍就給我四萬元，我就說好我就去做，是一個很老的書局。」這個工作對歐陽玄太駕輕就熟了。「我做的很無聊，雖然大家都說我做的很好，其實我無聊的要死，大約做了一年八個月。」

歐陽玄跟父親提出要去美國學 coding certification，歐陽明也很支持他的決定，還說，「如果你不想接（成霖），不想回到總公司來，就不要浪費時間。」歐陽玄回他，「我說我要出去做。」歐陽明尊重兒子的決定，留在美國創業，開立軟體公司。

就在五、六年前的某天，歐陽明本來為了要和員工一同參與自行車環島的活動而找機會鍛鍊的時候，不小心摔跤了。進醫院治療時，才檢查出可能無法再自在的運動了。身為勇者的歐陽明，這時要面對的是自己的身體健康了，也要加速面對成霖的接班問題了。

其實，外界解讀錯了。歐陽明採用外國人來擔任集團執行長，這不是接班的安排，這是讓成霖任用專業經理人，讓成霖能站穩全球化的安排。就如歐陽明回答商周採訪的，「歐陽明強調，他的大原則從未變過。例如董事長要是台灣人，執行長就要是外國人；又例如執行長的專長，必須與公司未來幾年的發展需求相符。」

但「董事長要是台灣人」，是誰好呢？成霖是歐陽明一手創立，要交棒出去，真的是很痛苦的決定。歐陽明知道，人選的安排是很重要的，得是對成霖的未來做最好決定。幾經思考，歐陽明不得不找歐陽玄商討接班了。因為，在成霖現任董事與專業經理人裡，是青年才俊的要求、有語言溝通的優勢、國際觀的眼界等等的條件，內舉不避親的看去，歐陽玄真的是不二人選。

歐陽明利用很多機會，試著跟歐陽玄提出他的想法。畢竟，歐陽明當初是同意歐陽玄出去創業而不用考慮接班的。

就如歐陽夫人說過，「老大很乖、很貼心。」歐陽玄也是懂得爸爸的計畫。現

父子傳承，歐陽明帶著兒子歐陽玄董事長加入磐石會員，此為磐石會例會中父子合影。(磐石會提供)

在，成霖的董事長由歐陽玄掌舵，繼續歐陽明的藍圖與使命。讓全球的每一滴小水滴，都成為甘霖，滋養大地。

交棒後的心境？歐陽明早在二〇一四年寫了一篇新詩《錫人》，讓人一窺他人生退潮的心思：

《錫人》

在五顏六色的酒瓶森林裡，我遇見了那個錫人，
也許是年紀或者風雪，錫人顯得舊了。
胳臂和膝蓋的關節處都有了銹蝕，
我問他如何走出這片森林，他說他沒想過這個問題，
酒瓶間即是他流放終老的地方。
我問他的來處，錫人說他就來自初遇愛麗絲的洞口。

那時愛麗絲剛跌入夢境，捉狹的南風還在拂弄她十七歲的衣裙。

錫人引領愛麗絲去探究夢的世界，裡面住著會變魔術的兔子、愛笑的貓。

他帶著愛麗絲走了很遠，很多年。

錫人以為在這時間停隔的地方，

他們可以永無止境地遊樂在一個又一個的夢境裡。

但在愛麗絲醒過來的那一刻，錫人就被絆在夢與夢之間，不知該何去何從？

他說：「錫人本拙於行走。我又沒塗抹錫油，在風雪中生銹了。回不了原處，又失去了前行的動力。只得棲息在這片酒瓶林內。」

酒瓶間蕩漾的青綠光影，就像錫人逝去的青春；

寶石紅的瑰麗，是錫人初遇愛麗絲的心情。

而那泛著黃褐色的汁液，彷彿是錫人穿過重重夢境時，為愛麗絲掀起的紗幕。

至於那透明的酒瓶，他說：「這是我人生的考卷，空白無字。」

退潮的人生？歐陽明其實還在承諾他的人生，在公司裡還是見得著他的身影，公司裡有個「公益傳播基金會」的小小辦公室，歐陽明依然照著行程表到辦公室繼續他未竟的事業。

「他在我們公司，就像定海神針的角色，因為他甚麼都見過，當我有甚麼疑惑，或是新的東西，當有很重大決定的時候，大家也會希望他也是同意的，所以我會事先跟他溝通，他這邊點頭，那大家也會覺得說，去往前衝比較安心。」歐陽玄董事長道出了歐陽明依然還是「定海神針」的角色。

對歐陽明而言，「錫人就被絆在夢與夢之間」，但，對這個世界，小水滴依舊延續著灌溉與滋潤這片森林。

2018 台灣義行獎。(公益傳播基金會提供)

2019 第三屆原客世代。(公益傳播基金會提供)

「愛心澆灌・公益成林」市府記者會 。(公益傳播基金會提供)

2019 第三屆原客世代。(公益傳播基金會提供)

2019 第三屆原客世代。(公益傳播基金會提供)

寬闊的心境

讀書、爬山、騎馬、旅遊，都是歐陽明最喜歡的休閒活動，而且，都是學生時代就培養的興趣。

跟隨歐陽明多年的秘書談到，「在公司裡，可明顯感受到董事長帶動起全公司一股寬闊的氣度。做錯事情的員工，在別的工作場合可能會挨罵到臭頭，可是董事長就是會跟你分析事理的啊，讓你全然明瞭你的錯誤。」

「他包括在回覆人家信件的時候，用字遣詞都是很優雅的！」這又印證了歐陽明的「腹有詩書、氣自華」。

爬山培養出另一種寬闊的心境，他在學生時代就加入「中華山岳協會」，挑戰過多座百岳，包括雪山、大霸尖山、桃山等。

雖然事業忙碌，但他還是維持爬山的嗜好，成霖高階主管如戴元鑑、顏國基、廖如龍、盧建忠等四位副總經理，經常是結伴爬山的夥伴。就像幾年前，歐陽明和戴元鑑副總等多位主管，花了八天的時間攀登喜馬拉雅山脈，架冰梯、過冰河，當千辛萬苦爬上四仟多公尺的山峰時，天際與山陵連成一線，大地何等壯闊啊！連自己都很感動。

戴顧問也聊起和歐陽明去爬山的樂趣。

「因為我常常去爬山，是我帶他去。所以在磐石會的小聚會中，我常常講爬山，他們就叫我不要常常講爬山，說他們牙齒痛到看醫生的時間都沒有。後來卻又有事沒事的就問，有什麼山好爬的，我說，你們不是看醫生時間都沒有嗎？事業交給下一代，健康還是比較重要。」磐石會幾年後也就有了登山隊，歐陽明也多次參與。

在這位兼任登山顧問的引導下，歐陽明排出時間去爬過大霸尖山、大雪山了呢！領略台灣群山之美，歐陽明也是感動在心；挑戰身體的極限，登高望遠的風光，宛如與青山對話，撫慰了過往的煩勞與壓力，此時心中的寧靜，如山穩、如風清。

「最早是我要去喜馬拉雅山、去尼泊爾，本來是兩個人要去，我和當地的雪巴的領隊，被他聽到，他也說他要去。我跟尼泊爾的嚮導說，他說老闆要去，那我們改成豪華團。原來我們只住在山屋，就只帶帳篷啊，後來就豪華團一起去，我們去了七個人，他們那邊有十四個人照顧我們，連早上帳篷起來那個刷牙的水都是溫開水，放在你前面。」

「回來以後，他有事沒事的，就問我，『你最近有沒有要爬什麼山？』」

「有時候老外來，我跟他們說，老外來我們要去大霸尖山，還問我要不要讓老外參加？可惜，他太忙了啊！一直在忙事業！他很羨慕我（可以常去爬山）。」成為歐陽明老朋友的戴顧問現在七十幾歲了，住在台北，還常一個人拿著敬老悠遊卡到處去走走，台北周遭的登山步道，都是他常走逛的呢！但講到登山，一定想起歐陽明這位山友。

「爬山的樂趣是，思緒可以全然放空，什麼都不用想，反正前方只有一條路、一個方向，不用擔心迷路，只要勇往前走，就可以到達目的地，沿途還可以欣賞絕美的風景。爬山與經營事業不一樣，因為事業有太多不確定性，但爬山的目標卻很確定。當走到休息區或終點站，看到露營帳篷時，雖然全身體力耗盡、汗流浹背，卻感到很充實，尤其自己動手煮一杯咖啡、與三五好友喝杯小酒、甚至只是好好睡一覺，那種舒暢感，只有親身體會過才知道。在爬山過程中，還有發現到，沿途幾乎看不到垃圾了，可見國人已有保護山林的觀念，這與經營企業一樣，唯有重視社會環境，企業及社會才有未來可言。」歐陽明曾在工商時報的自傳專欄寫過這段，他對登山的心境和認知，詮釋得清清楚楚，他從認識登山、實踐登山，得到體驗和滿足，原來，這也就是歐陽明熱愛爬山的原因之一。

「爬山其實還可以挖掘人才。」歐陽明透露個小秘密。

幾年前，美國五金業界知名的魏納公司負責人魏楷模，邀請歐陽明到美國洛磯山脈、九百英呎高的山中小屋度假。

魏楷模，這位畢業於史丹佛大學研究所的高材生，過去在美國華爾街高盛公司任職期間，持續從事企業併購工作，返鄉後，又把原本從事鋁梯與木梯的家族企業，經營得有聲有色。

當時成霖在北美市場雖然已打響知名度，但歐陽明知道，北美規模若想持續做大，一定得引進熟悉當地市場的專業人才。那時候他就鎖定魏楷模這個人才。不過，魏楷模當時已經名利雙收，企業界想延攬他並不容易，他一直想辦法和他建立朋友關係。由於魏楷模和他一樣喜歡爬山，在美國渡假時，當他提議攀登一萬二千英尺高的頂峰，做為彼此聯誼的標的時，歐陽明當然一口就答應了。

他心想，正好可藉著爬山的機會，試探對方的口風，同時觀察他的為人處事。他們兩個人沿路就這麼邊爬山、邊聊天，愈聊愈發現彼此的經營理念相似。歐陽明當然也一直闡述成霖的企業文化與使命，對方則頻頻點頭。後來，歐陽明的誠意慢慢的打動魏楷模，幾年前終於他也成為成霖的董事。

值得一提的是，魏楷模原本是有意幫美商併購亞洲公司，當時鎖定成霖是家不錯的標的，沒料到，最後反而幫成霖買下美國 Gerber 廠。而北美經營團隊也在他的整合下，快速融入成霖的企業文化，這也是北美市場業績穩定成長的原因。

再說到騎馬，這也是歐陽明很熱中的運動。學生時代因為沒有錢，騎馬費用又貴，只能久久騎一回。直到成霖的業務較為穩定後，只要是假日、沒有出國的日子，他會定期安排騎馬，每週至少騎一次，現在生病之後，騎馬奔騰的場景，已漸成回憶了！

騎馬可以到達開車到不了的地方、享受真正的異國風情。就像他曾經在美國山區騎馬，穿過崇山峻嶺，看到原始森林，還看到熊、鹿等野生動物；也曾在北疆騎馬走入羊群，夜宿帳棚、喝一杯奶茶，體驗牧羊人的生活。

兒子歐陽磊印象深刻地述說，歐陽明也曾帶他去新疆騎馬，騎到一處很藍、很藍的河邊美景，還進到蒙古包裡坐，體驗塞外的生活，體驗無比延伸的寬闊，他沉醉與回憶著當時一家人自在快樂的時光。

那美好的景象，也常在歐陽明的腦海中重現，有機會的話，他一定會想再去一趟北疆；再去一趟美國山區，甚至，去一趟蒙古，騎上汗血駿馬，如成吉思汗般的奔馳在一望無際的草原……。

成霖產品之示意圖。(成霖提供)

2010 年 6 月在摩納哥領獎。(成霖提供)

歐陽明生活照。(成霖提供)

【附錄一】歐陽明的歷程表

西元	年齡	生平紀要
一九五一年	1	基隆出生（老家桃園大溪），父早期經營建材木頭業，經營失敗轉而組歌仔戲團與基隆新樂戲院。伯父早逝，父扛起扶養其子（大哥、二哥、三哥），故與堂兄等一起長大，排序第五，另有一弟一妹（大媽生有四哥與大姊）。
一九五七至六〇年	6至10	在老家大溪與爺爺生活。孤獨寂寞，看了很多大人的書。
一九七〇年	20	等待三專放榜前一天，認識張素香小姐，考上淡水工商觀光系。
一九七三年	23	服預官役，傘兵排長。
一九七六年	26	退伍、父親過世、與張素香小姐結婚。
一九七七年	27	崇峰實業有限公司業務經理。
一九七八年	28	第一次出國，去中東做貿易（參考曾經的年代 自序），長子歐陽玄出生。
一九七九年	29	創立成霖公司，從事建材貿易。

一九八三年　33
一九八〇年間，首次上了芝加哥法庭，因為美國 MASCO 集團旗下 Delta Faucet 公司控告包括成霖在內的七家廠商，在美銷售單把手水龍頭的侵權案，當時只有歐陽明去應訊，其餘六家業者都選擇換個公司名字，來規避此訴訟案。

一九八六年　36
獨資設工廠，他立即發電報告訴所有的客戶成霖的這一轉型，專注於水五金產業。

一九九〇年　40
設立專業之水龍頭製造廠。

一九九二年　42
在大陸深圳分別設立了成霖潔具、成霖五金及成霖實業，做為集團之生產基地，同時完成供應鏈及生產體系之垂直整合。

一九九六年　46
在芝加哥設立 GUUS 公司，做為北美之銷售及客服中心。

一九九七年　47
獲第一屆經營卓越企業家小巨人獎。

一九九八年　48
歐陽明以成霖企業董事長身份加入磐石會。

一九九九年　49
首度在美國推出自創品牌 Danze，購併加拿大 Sercobest 通路商，以加強集團在加拿大地區的通路拓展。

二〇〇〇年　50
台灣成霖企業（股）公司上櫃獲准轉上市，併購加拿大 Aquanor Inc. 公司。

二〇〇二年 52

・在芝加哥設立GUGI公司，為集團在美洲地區之行銷營運策略中心。
・投資中國「深圳成霖實業有限公司」。
・投資美國「Fusion Hardware Group Inc.」。
・購併墨西哥Arte En Bronce公司，延伸生產基地到墨西哥拓展中南美洲市場。
・歐陽明獲選為磐石會第五屆會長。

二〇〇三年 53

併購美國Gerber（購併當時Gerber在美國已具78年的歷史。成霖購併Gerber，取得其強大的品牌知名度及其四家美國工廠，進入衛浴陶瓷的設計、製造領域；完成集團的整體衛浴產品線），併購山東美衛浴有限公司。

二〇〇四年 54

併購德國LENZ公司。

二〇〇六年 56

併購台灣的麗舍生活國際，跨足經營高級廚房器具及衛浴配件批發零售市場，同年也併購安德成科技，跨足淨水器製造與銷售市場。

二〇〇七年 57

合併英國PjH。

二〇〇九年 59

・獲《安永創業家大獎》「年度大獎」，擔任中國大陸全國台資企業聯誼會第三屆副會長。
・深圳成霖觀瀾廠與福永廠整併完成，美國子公司Gerber榮獲最佳節水馬桶獎，浴室套裝產品類創新獎等殊榮。

二〇一二年	62	台中總部成立衛廚產品高值化研發中心。
二〇一三年	63	集團進行重大資產置換，大陸掛牌的子公司成霖潔具（簡稱成潔）將把上市公司「名份」出讓給陸寶鷹集團。
二〇一五年	65	山東美林衛浴廠擴建增加第五條陶瓷窯線及第四條高壓分體注漿線。
二〇一六年	66	‧六月英國子公司 PjH 執行長葉安儒（Andrew Yates）接棒，北美地區的執行長魏楷模（Michael Eric Werner）（靠著魏楷模，成霖成功購併美國八十年衛浴大廠 Gerber。） ‧歐陽明著《曾經的年代》出版。
二〇一八年	68	出售青島成霖科技工業有限公司，集團組織重組為四大事業群。
二〇一九年	69	‧歐陽玄八月十三日二代接班成霖董事長。 ‧Todd Talbot 接任集團總經理。 ‧歐陽明任榮譽董事長。 ‧簽約出售「麗舍」之股份。 ‧完成資產收購並成立墨西哥陶瓷廠「GU Plumbing de Mexico S.A. de C.V.」
二〇二〇年	70	與泰金控股（6629TW）成立合資公司，將於泰國設廠生產五金龍頭。
二〇二一年	71	化為甘霖！

【附錄二】歐陽明的寫作新詩、心詩

油彩畫

黯彩深處
刀筆延伸 透視焦點
一汪
晴藍顏色
維納斯的初生地
破水而立
海風凌亂了髮絲
衣袂翻飛
飽滿的想望

乍醒的毒蛇
恍然冬眠了整個季節
驚詫於自己毒液的濃烈
飢餓的凶猛
出洞時

烈日耀眼 車水馬龍
世界已大不同
這不是辛勤播種的時機
也不是收割的節氣

他

迷途于 小巷口
隔壁的禮堂
宏碁正在推廣小教授
IBM 還是藍色的巨人
五月風
日落前的寶石藍
就要消失的一個世代
蒼茫中
沒入歷史的洪荒

女子和貓

以賭氣的姿態
盤成一窩起伏的心情
把頭埋進 累了！
等了又等再等
長長的夜
於是
頹然趴陷椅墊 用呼吸的節奏
呼嚕
打呼嚕
貓打呼嚕

這是一方斗室
長巷深處舊時公寓的五樓
兩把臨窗對置的椅子 一張書桌
發出黃光的枱燈 散落疊放的書
有摺頁的痕跡

獨居的女子反身關門
用力推拒風雨
她收攏雨傘
急切地
梳洗更衣沖杯熱牛奶
抱起熟睡的貓 窩在盤起的腿溝裡
撫弄貓軟起伏的身軀

貓單調的呼嚕聲
却似流淌而過的音符
又像從魔棒蹦跳出的金色火星
點活了她的心

未接來電

ARE YOU LOOKING AT THE MOON ？
我一直想問你
鑲在墨藍天空的皓月 發出清幽的光

IS YOUR PLACE CLOSER TO THE MOON ？
我一直想問你
飛機的投影掠過月亮的表面 濺漾
出波紋

想跟你說話 但你不在 手機也不通
在有電話之前 我是如何聯絡你
郵件之前？
更早之前？
彼此讀著自己的心？像此刻

假設我有11個未接來電
有幾個逗號 幾個句點
你說：我走了 這是逗號
但你却沒說：我到了
在你未接的來電裡 可有
我發去的問號

鼻尖前的明月是否就是傳說中的轉換門
能躡入你的時空

她的痕跡

雖說清冷
我已習慣 單獨生活的自在
沒有她的重量

窗上映進的夕照
亮活了更衣室的一隅
幽微裡 依稀可見
整齊排列的 散發木楠味的
她的冬衣 夏衣
春衫
暗香裡浮動著
她的氣息
疊放桌面的書 頁裡夾藏著
她的話語
安靜等候的便鞋

彷彿猶 的隨身杯
這空間 刻著
她的痕跡

她存在的證據！

而 我已決計
不再承受 她的重量
雖然
刻寫的抹不去 心上的撫不平
時間的長河啊 沖刷
終將磨出共生的鈍然
一種似有若無的
疼痛

守候

蘋果紅臉頰
白髮的 老太太
愛看晚霞
是沈溺在舊夢的失智裡？
還是感受到
身旁的溫柔
緩慢地 艱難地
壓下輪椅剎車
清癯的老先生
實不必要啊！這平坦地
應是不肯讓她受點驚嚇的
心意
他日漸衰弱的呵護

却是她熟悉的甜蜜
都80了！
榮總草坪上的霞光
晚風裡翻動
亮澄澄 亮恍恍
但暮色已
攀爬上第二醫療大樓的牆面
正細口細口地 吞噬
長日的餘暉
它還拖曳著 紫藍色的夜幕
躡著 躡著
悄悄挨近
相依看斜陽的老人
在欲暖還涼的夕照裡

沒有重量的詩

風裡拍動
這詩沒有厚度
我妻 我唯一的讀者
隨手鎮住欲飛的紙片

人都會變老
你的詩 為什麼
不疊出皺紋
不昏眊雙眼
不像樹木 爬滿盤根的糾結
不學草葉 拂來泥土的砂塵

沃野上 沒有
橫肆的挖土機
蒼穹下 沒有
統治者的暴虐
沒有革命 沒有火光
沒有都會叢林的戰爭

快豎立起招牌
吆喝聲中叫賣
你的理念
你的艱苦
再栓緊
用來定位的
認同形態
何處是 歲月流淌過
生活煎熬過
該有漬痕 你詩為什麼不沾黏？

我妻隨手鎮住欲飛的紙

我的詩，是
挑擔人短暫的歇息
會議間片刻的脫逸
受苦的人
沒有嘆苦的權利

長路

和著拍子
悠揚在樂聲裡的
小木偶
晶亮的眼眸
滿溢出
愛情的憧憬
偶線 扯動了
藏不住的幸福
熟透欲滴的蜜桃

向 濃密的深處
他迷航
劃一道銀色的圓弧
駛過南方的海域
平滑如綢緞
月光映照粼粼的浪花

起伏的波濤
是海洋的胸膛
溫柔地律動

海上迷離的靜
原是夜霧編織成的網
把船笛的聲音
羅箍住
於是
皎月長空下
廣袤的洋面
只有 浪潮的呢喃
在耳旁
溫暖而濕潤

戲散了 樓臺拆了
空氣停滯的倉庫裡
萎頓的小木偶
等待復演

她固執地信守著
一個人逛街一個人喝咖啡
獨來獨往
在人羣中寂寞
季節裡凋零

沒帶行李的旅人

當時刻 到了
我祈禱
我能知道 然後
安靜的轉身
或許動作嫌笨拙
至少 我沒帶行李
就假定沒什麼牽掛著我
我也沒牽掛著什麼
一個
沒帶行李的旅人

就給我一丁點空間
誰也幫不了誰
沒什麼改變得了什麼
即使眼角含淚光
並不是難割捨
即使步伐顯笨拙
也不是傷離情
這甬道

縱始肅靜
縱始拗黑
縱始恐懼
一條漫長無盡的路
只許獨行

不需詔告天下
不需
羅列的黑頭車
等待的司機
西裝革履 行走如儀
有致詞 有趕場
好似鬧劇裡的謝幕式
荒謬中有可笑

日後 若有人問起
你只須
淡淡的回答
就像我平日出國 尚未歸

以痴為有

她的眼眸 晶亮
像星辰
更望進去
卻見潭面上
晨霧湧升
沁靜而迷離
宛若花間茉莉
隱約香息
又像遠颺初回的舊時光
20年回首 執手相認
昨日河邊骨
眼花 淚花

那隨浪而去
遺留的啜泣
是悼懷？
然則

逝去的終會再來
以不同的形貌
笑的 哭的
追逐的 逃避的
原是孿生兄弟
性同而形異
堆砌成幾聲嘆息

「一切有為法
如夢幻泡影
如露亦如電」

她的眼眸
或者
天上的星辰
終究是
一切分之一

西潮

廟前街
攤販比肩　攘擦身
人聲狗吠 好不熱鬧
有賣楊桃汁 有打香腸
招展著鑲金邊的衣裳
十元的小器皿
濃得化不開
鄉間的小昇平

排開路旁的攤位
踏入雕樓畫棟的廟宇
繚繞香火 掩不住
天光透出的金壁輝煌
人群中磨踵的信眾
舉香過頂 擦身而過
擠出黯黑的偏殿
猛然跨進陽光，

我撞上了你！
一方樸素安靜的
小教堂
黃褐色的石牆 見證着
廟宇樣久遠的歷史

是怎樣的信仰
勇氣你 告別
熟悉的街坊
家鄉的安逸
招喚你 航入
萬哩外的南島
是怎樣的土壤 或堅忍
讓你撒播的種子
在愚昧無知，猜忌破壞的風暴裡
可以
從後山貧瘠的砂地上

萌發出
第一株
科學思辯的芽種
沿著延綿的海岸漁村
春雨後 第二第三株

在午後的光影
我細讀碑文
刻寫已糢糊
聲語依然有力
有種奉獻
雖歷經人世浮華的遮掩
仍可窺見
本來顏色

圓滿的存在

年久失修的牆面
攀蔓上裂痕的印記
從此 他的心
感知到 季節的
更替

某種悸動，乍回首的
感知
音符揚昂的那刻
幕落下 燈亮起的時候
未曾離家 卻惱人不去的
鄉愁

「所謂的圓滿，恰如相片裡的笑容。」
他就著光，旋愰酒液，寶石紅的亮麗。
「永遠凍結著拍攝當下的綻放。」

洶湧直前 生命是條不歸的河
一路沖刷 隨手抹平
對與錯 是或非
情愛的紛擾 幸福的眷戀
都去了
泅泳的心啊！
波濤裡浮沈

從缺憾感知到
圓滿的存在
如同
從烏雲的邊界
感悟到
藍天的高遠

原英詩

What though the radiance
Was once so bright
Be now forever taken from my sight

Though nothing
Can bring back the hour
Of splendor in the grass
Of glory in the flower

We grieve not
Rather find strength
In what remain behind

（我譯本）
消逝的光芒
曾經如此輝煌
如今我將再也不能見

誠然
那芳草風華，繁花錦繡的時刻
從此喚不回

我們卻不傷悲
寧從遺墟瓦下
找回力量

夢境底層

下沉
沉入 地心 沉入地心
這個深埋的洞穴
或許仍有天光 曲折灑落
要不
怎可見那片灰濛濛的框內
幢幢暗影 過往出沒

似乎聽到若有還無
斷續的
哭嚎
嘶啞混濁而尖戾

是咕嚕！魔戒的咕嚕
被綑綁在石柱下

它在兜圈繞繩
兜圈繞繩
不
它在這撞繩 撞繩 撞繩 撞繩
往返大步 兜圈撞繩
狂亂近乎迷幻

熾烈焦燥的囈語
凝神靜聽後隱約分辨出
咕嚕在說
不能洩漏
不能洩漏

忍過了整個冬

忍過了整個冬
初春疏冷的枝椏上
綻併出
第一朵怒放的山櫻

晨曦中迎風款款搖動
如此招展
因為
曾經如此耐受過

三萬光年外的淚珠

午夜
星空垂縵著
誰忘了摘滅的燈 三萬光年外閃爍
滾落在深藍深處絨布檯面上璀璨的鑽石
是她懸勒在眼眶的淚珠
不要對我凝視
當風起時
我將歸去

午夜的驚悚

雖說又老又病
可 我還是個男的
一隻
孤獨遊蕩
曠野老去的雄獸

也曾嚮往 性徵的印記
雌性的身影
雌性的依偎
雌性的呢喃

物種緣起
那渾沌的久遠年代 地球的白堊紀
群獸從千山萬豁間傳出的嘶吼
繚繞～
而今理性又疏離的氣質不正是
中性的美德。沒有夢的人生

什麼時候
晨風中的花蕾
剔透的露珠都不見了
白日當空後
霧散了 水氣蒸發了
綠黨來了

幾輪赤焰 葉緣焦捲起
一池枯索 心理隨生理轉換

夜半乍醒
驚怖中本能的感知到
睡臥我身側
酣聲大作
竟然是一個男人

生命裡的孤寂

在夜裡，空曠的海邊，放起了天燈。
燃燒的氣體躍動著欲飛的想望。
放開手，冉冉昇起，帶著許下的祝願。
亮黃的天燈，劃破了黑夜的長空，
進入了氣流帶，飄盪向未知旅程。
愈飛愈高，漸行漸遠。燈色轉為橙黃，
而後在烏黑的高遠處，微弱成昏黃。
一盞燈，慢慢地消失在視線外，再也看不見。

迴路

撞破風牆
撲面飛來 以電玩的程式拋磚後
是夢嗎？
沒有回應 聲音似乎被禁錮住
暗霧裡更緊握車把
從夢幻泡影風火雷電中
穿躍過

剎那
風靜 雲止
夜空下 一只
緩緩呆住的輪胎 問月

就在指端前
錯愕的手還沉緬著碰觸的溫度
心 卻跌碎了
曾經的約定
還在嗎？

所謂的尋尋覓覓
不過是
線上遊戲鋪陳的美麗
Log Out 前世今生
關機 蓋妥裝箱上鎖緊密封存
不給思念空隙
人海裡豎起一根單桅
趁年華奔流
縱身 喧嘩而去

最後一哩路

久泡的人生
就像
隔夜茶
失去了新收的豐彩
走在路上
應已近黃昏
任它晚風和煦 花木扶疏
久歷歲月的洗練
多了從容
少掉漣漪 不解夢的事故

那相濡以沫的終將相忘於江海
相忘之日
即不復憶
當日相濡的情義 對永恒的希冀

永恆
應不是丈量時間的單位
而是
認知的刻度
相忘即不識
而相濡的此刻雖須臾
是永恆 成天涯

走在路上 攜手邁步
雖已近黃昏
晚風仍和煦 花木猶扶疏
所有路皆有終點
只不知
盡在何處

觀成長 40

成為甘霖

成為甘霖 / 張正駿、謝瑤玲作. -- 初版. -
臺北市 : 時報文化, 2021.11
208 面 ; 17*23 公分
ISBN 978-957-13-9429-9 (平裝)
1. 歐陽明 2. 企業家 3. 企業經營 4. 傳記
783.3886 110014907

ISBN 978-957-13-9429-9
Printed in Taiwan

作　　者─張正駿、謝瑤玲
視覺設計─徐思文
主　　編─林憶純
行銷企劃─王綾翊

第五編輯部總監─梁芳春
董 事 長─趙政岷
出 版 者─時報文化出版企業股份有限公司
108019 台北市和平西路三段 240 號
發行專線─（02）2306-6842
讀者服務專線─ 0800-231-705、（02）2304-7103
讀者服務傳眞─（02）2304-6858
郵撥─ 19344724 時報文化出版公司
信箱─ 10899 台北華江橋郵局第 99 信箱
時報悅讀網─ www.readingtimes.com.tw
電子郵箱─ yoho@readingtimes.com.tw
法律顧問─理律法律事務所　陳長文律師、李念祖律師
印　　刷─勁達印刷有限公司
初版一刷─ 2021 年 11 月
定價─新台幣 350 元
（缺頁或破損的書，請寄回更換）

時報文化出版公司成立於 1975 年，並於 1999 年股票上櫃公開發行，於 2008 年脫離中時集團非屬旺中，以「尊重智慧與創意的文化事業」爲信念。